AF277383

© De la edición española:

Editorial ELA

www.libreriaargentina.com

MAQUETACIÓN: Equipo ELA

TRADUCCIÓN: Editorial ELA

DISEÑO DE PORTADA: Equipo ELA

ISBN 978-84-9950-259-5

DEPÓSITO LEGAL: M-22889-2024

Impreso en España

Todos los derechos reservados. No está permitida la reproducción total, ni parcial de este libro, ni la recopilación en un sistema informático, ni la transmisión por medios electrónicos, mecánicos, por fotocopias, por registro o por otros métodos posibles presentes o futuros, sin la autorización previa y por escrito de los titulares del Copyright.

LAS FLORES DE BACH

UN NUEVO MÉTODO CURATIVO

Incluye:

Un nuevo método curativo
Libértare a tí mismo
Los doce curadores y otros remedios (los 38 remedios)

DR. EDWARD BACH

Editorial ELA

www.libreriaargentina.com

Índice

Sobre el Dr. Edward Bach

El Dr. Edward Bach nació el 24 de Septiembre de 1886, en Moseley, una pequeña villa cerca de la ciudad de Birmingham, en los West Midlands, Inglaterra.

Es conocido en todo el mundo, por ser el creador de las llamadas Flores de Bach y por haber desarrollado una filosofía y un método terapéutico utilizando estas esencias florales, conocida como la Terapia Floral. También fueron muy importantes sus trabajos con las vacunas dentro de la medicina convencional y sus descubrimientos y aportaciones a la medicina tradicional y homeopática, que hoy en día se encuentran plenamente vigentes.

Desde muy joven fue consciente de las cualidades sutiles o "energías" del mundo en que vivimos y tras terminar sus estudios en el colegio, a los 16 años ingresó en un regimiento militar, el Cuerpo de Guardia Worcester (Worcester Yeomanry), que acababa de volver de Sudáfrica de luchar con los Boers, a la vez que trabajaba en la fundición de latón que tenía su padre, lo cual era una actividad muy común en la zona, para ayudar con la economía de su familia, labores que ejerció hasta los 19 años.

De sus relaciones con las personas de su entorno, incrementadas por las experiencias transmitidas por los soldados y su sensibilidad ante la naturaleza física y el sufrimiento en sus compañeros, surgió su deseo de querer estudiar la carrera de medicina.

Por lo cual en 1906, a los 20 años de edad, comenzó sus estudios de Medicina en la Universidad de Birmingham, aunque más tarde se trasladaría a Londres donde terminaría su carrera en el Hospital del Colegio Universitario "University College Hospital" en 1912.

Allí recibió los títulos académicos de: *Licenciado del Real Colegio de Médicos y Miembro del Real Colegio de Cirujanos.*

A comienzos de 1913, en la Iglesia Parish de Hendon en Middlesex se casó con Gwendoline Caiger de 24 años.

Durante este año Edward Bach obtuvo otras dos licenciaturas: *la Licenciatura de Ciencias y la de Medicinae Baccalaureus.*

En 1914 obtiene otro título académico: *Diplomado en Salud Pública por la Universidad de Cambridge.*

Trabajó durante un tiempo como Cirujano Residente para Accidentes y en una Casa de Salud y dentro de la práctica de la medicina general, tuvo consulta médica dentro de unas salas de consulta en Harley Street.

En 1915 volvió a trabajar en el Hospital del Colegio Universitario de Londres como Bacteriólogo Asistente, donde desarrolló una larga investigación para el tratamiento de enfermedades crónicas con vacunas útiles. Allí también fue profesor de Bacteriología y en 1916 fue nombrado Director del Departamento de Bacteriología. Como bacteriólogo y patólogo trabajó como investigador y de esta labor surgieron una serie de vacunas y posteriormente de remedios homeopáticos que siguen siendo enseñados y utilizados actualmente.

En abril de 1917, con sólo 28 años, su primera mujer Gwendoline, muere victima de la difteria y poco después, el Dr. Bach se casa por segunda vez con Kitty Emmeline Jane Light de 27 años.

En marzo de 1919 Bach comienza a trabajar en el Hospital Homeopático de Londres "London Homoeopathic Hospital" como Patólogo y Bacteriólogo, donde continúa investigando sobre las bacterias intestinales y las clasifica siguiendo el patrón de la fermentación de los azúcares.

Su interés por la homeopatía se debía principalmente a su coincidencia con esta ciencia en el enfoque del tratamiento de la persona como: "un conjunto de energías mentales, emocionales y físicas" y de la enfermedad como: "la expresión de un desequilibrio de este conjunto", frente al tratamiento de la medicina ortodoxa de la enfermedad de forma aislada y su forma de dirigirse a curar la patología, es decir los síntomas y no el origen de la enfermedad, es decir sus causas.

En 1920, las investigaciones bactereológicas de Bach quedan reflejadas en varias publicaciones médicas dentro del contexto homeopático, incrementando por ello su reputación como bacteriólogo.

Aunque tenía una gran sintonía con los planteamientos de la homeopatía, su idealismo y su instinto, así como sus años de experiencia en la curación, le llevaron a buscar en la naturaleza otras sustancias curativas. Uno de los principales principios de sus teorías es la importancia del desequilibrio emocional como principal causa de hacerse receptivo a una enfermedad, además de constituir una fuente de enfermedad en sí misma. Desde este punto de vista, algunos autores lo citan como uno de los pioneros en el tratamiento de la enfermedad psicosomática, aunque este mérito a él atribuido, no deje de ser algo simplista, en comparación a la importancia que alcanzó todo su trabajo, que fue mucho más allá de este importante efecto de curación.

Y guiado por su idealismo e instinto, en 1922 deja su puesto en el Hospital Homeopático de Londres y cambia su residencia a Park Crescent, donde desarrolla sus investigaciones en un laboratorio más grande, financiado por él mismo; aunque mantiene su consultorio en Harley St. donde continúa con su labor de médico general.

En 1925 Bach publicó su primer libro: "La enfermedad crónica, una hipótesis en acción" escrito en colaboración con el Dr. australiano Charles E. Wheeler, que fue asistente del Dr. Bach en sus investigaciones en el Hospital Homeopático de Londres.

En 1928 desarrolló sus tres primeros remedios florales: Impatiens, Mimulus y Clemátide, después de pasar gran parte de su tiempo libre dedicado a la investigación de plantas y hierbas, a la vez que mantenía su consulta como médico abierta. Su familiaridad con los remedios homeopáticos respecto a las pruebas de las propiedades curativas de las sustancias y su sensibilidad ante las sutiles cualidades de las plantas, le ayudaron mucho es sus descubrimientos.

En el Congreso Homeopático Internacional de 1927 en Londres, el Dr. Bach y los doctores C. E. Wheeler y T.M. Dishington, presentaron: "El Problema de la Enfermedad Crónica" y a princípios de 1928 The Medical World publicó: "An Effective Method of Combating Intestinal.

En 1930 dejó su práctica de médico en Londres, a pesar de ser bien lucrativa, para centrarse en el desarrollo de este nuevo sistema de tratamiento. Dejó Londres y viajó al País de Gales y por el campo inglés en busca de las plantas que le proporcionasen una variedad de medicamentos, para el tratamiento de la disfunción primaria en los estados de la psique humana.

Durante este año publica: "An Effective Method of Preparing Vaccines for Oral Administration" en Medical World y más tarde en Homoeopathic World: "Some New Remedies and New Uses". A continuación publica: "Some Fundamental Considerations of Disease and Cure" también publicada en Homoeopathic World.

En 1932, ya había descubierto los primeros doce remedios y publicó los resultados de su trabajo en Doce Grandes Remedios en febrero de 1933.

Bach comenzó a promover su obra entre la comunidad médica, que escolarizada y refugiada en la ortodoxia, apenas le respondieron. Por ello, más adelante, utilizó la publicidad, para hacerlo llegar al público general, del que obtuvo una respuesta favorable, pero fue entonces cuando recibió una fuerte desaprobación por parte del Consejo General de la Medicina.

En 1934, ya había desarrollado diecinueve de los treinta y ocho remedios florales y fue en este año cuando se mudó a Mount Vernon, en Oxfordshire, donde desarrolló los otros diecinueve.

En este año también se publicó la segunda edición de su obra, esta vez titulada: Los doce sanadores y los siete ayudantes.

En el verano de 1936, Bach escribió la tercera edición de los doce remedios y otros recursos, que incluía ya todos los treinta y ocho remedios florales que llevan su nombre.

En este año, en su 50 cumpleaños, dio su primera y última conferencia pública sobre los frutos de su trabajo de vida y poco después de esta, como si de haber completado la tarea de su vida se tratase, murió mientras dormía el 27 de noviembre de 1936.

El punto de vista de la medicina convencional actual, es que no discute el carácter no agresivo de sus descubrimientos, pero se le niega cualquier valor terapéutico fuera del efecto placebo.

UN NUEVO MÉTODO CURATIVO

Integrado por las dos conferencias pronunciadas en Wallingford

1

La curación por las hierbas, su uso en cada casa
(Conferencia pública en el templo masónico Wallingford)

Introducción

Desde los primeros tiempos de la historia, encontramos que las hierbas se han utilizado como remedios curativos y desde que tenemos registros, el hombre ha tenido la fe de que en las hierbas de los prados, los valles y las laderas, se encontraba el poder de curar sus enfermedades. Cientos de años antes de Cristo, los antiguos indios, árabes y otras razas, eran expertos en el uso de los dones de la naturaleza; también los primeros egipcios, más tarde los griegos y los romanos y en menor grado hasta nuestros días.

Ahora bien, no es probable que durante miles de años, grandes naciones de diferentes credos y colores, hayan creído continuamente, estudiado y utilizado persistentemente las Hierbas de la Naturaleza como curas, a menos que detrás de todo, hubiera una gran verdad.

En la antigüedad, no sólo los médicos de los distintos países, usaban y enseñaban el uso de las hierbas, sino que la gente misma, tenía un gran conocimiento de sus virtudes y podía cuidarse a sí misma en muchos casos de enfermedades. Este país no es una excepción, aunque en la actualidad, el uso de los medios naturales no está tan generalizado. Hasta hace sólo una generación o dos, e incluso hoy en día, en las zonas más remotas del país, los hogares poseían su propio cofre de hierbas y curas, para sus enfermedades domésticas. Se han escrito diferentes libros en Inglaterra, durante los últimos cuatrocientos o quinientos años, de curación a base de hierbas; uno de los últimos y más famosos es el de Kulpepper, escrito hace unos trescientos años. Este libro todavía se puede encontrar, estudiar, utilizar y ser muy apreciado, en las casas de campo de las Islas Británicas y aunque contiene el relato de más de 300 hierbas, lo que debe significar mucho estudio, es tal la fe aún viva, que la gente se toma la molestia de estudiarlo y así tratar la mayoría de sus propias dolencias.

A lo largo de la historia, ha habido épocas en las que las enfermedades se trataban con éxito prácticamente únicamente con hierbas; en otras ocasiones, el gran y natural arte de curar, ha sido olvidado en gran medida y ésta es una de esas ocasiones. Pero tal es el poder de la naturaleza, que seguramente regresará a nosotros.

En la antigüedad, cuando una gran nación desaparecía, gran parte de su conocimiento se perdía con ella; pero ahora, dado que los descubrimientos se hacen a la vez mucho más universales, existe la esperanza de que las bendiciones que se nos conceden, a medida que se redescubren, se difundan por todo el mundo y así se conserven siempre de forma segura en algún país. Las hierbas de las que se hablará en esta conferencia, aunque descubiertas recientemente, ya se utilizan ampliamente en muchas partes del mundo.

Es cierto que en aquellos tiempos en que se conocían y usaban las hierbas adecuadas, los maravillosos resultados curativos debían ser generales y la gente de aquellas épocas, debía haber tenido gran fe en ellas: de no ser así, la fama, la fe y la creencia de que la cura se encontraba en las hierbas, no hubiera sobrevivido al ascenso y a la caída de los imperios y no habría estado continuamente en la mente de las personas, durante cientos y miles de años.

La curación con los agentes limpios, puros y hermosos de la Naturaleza, es sin duda el único método de todos, que nos atrae a la mayoría de nosotros y en lo más profundo de nuestro ser interior, seguramente hay algo en él que suena cierto, algo que nos dice: este es el camino de la naturaleza y es el correcto.

Buscamos con confianza en la Naturaleza, todas las necesidades que nos mantienen vivos: el aire, la luz, la comida, la bebida, etc., y no es probable que en este gran plan, que lo proporciona todo, no se encuentre la curación de nuestras enfermedades y angustias. Así vemos que el tratamiento a base de hierbas, se remonta a los primeros tiempos conocidos por el hombre; que ha continuado todos estos siglos, tanto en uso como en fama y en muchas épocas de la historia, ha sido el principal y casi el único método de curación del que se hablará esta tarde y que tiene grandes ventajas sobre los demás.

En primer lugar. Todos los remedios están hechos de hermosas flores, plantas y árboles de la Naturaleza: ninguno de ellos es venenoso ni puede causar ningún daño, por mucho que se tome.

En segundo lugar. Sólo son 38, lo que significa que es más fácil encontrar la hierba adecuada para utilizar, que cuando hay muchas.

En tercer lugar. El método para elegir qué remedios administrar, es lo suficientemente simple como para que la mayoría de la gente lo entienda.

En cuarto lugar. Las curas que se han obtenido han sido tan maravillosas, que han superado todas las expectativas de quienes utilizan este método y de los pacientes que han recibido el beneficio.

Estas hierbas han tenido éxito una y otra vez donde todos los demás tratamientos que se han probado han fracasado. Y ahora, después de haberos dado una idea de cuán antiguo y renombrado es el gran arte de curar el sufrimiento por medio de las hierbas, pasemos al motivo principal del discurso de esta tarde.

Los principales objetivos de la conferencia de esta tarde son dos:

Primero: describiros un nuevo método de curación a base de hierbas. En segundo lugar: reducir al máximo el miedo que cualquiera de vosotros pueda tener a la enfermedad.

Aunque hace apenas siete años que se descubrió la primera de una serie de 38 hierbas, que son el tema de este discurso, en ese corto tiempo se ha demostrado que estas hierbas tienen el poder curativo más maravilloso. Esta prueba se ha encontrado no sólo en este país, no sólo en países del continente, sino en tierras tan lejanas como la India, América, Nueva Zelanda, Australia, etc. Es imposible hablar del gran número de personas que han obtenido beneficios y curas, porque están esparcidas por casi todo el mundo; pero lo que sí sabemos es que cientos y miles de enfermos han recibido una ayuda que no habían pensado que fuera posible y más allá de cualquier esperanza que hubiera quedado en ellos.

Los puntos importantes del tratamiento con estas hierbas son:

1. Que todos los remedios están hechos de hermosas plantas y árboles de la Naturaleza y que ninguno de ellos es dañino ni puede causar daño alguno.

2. Que sin conocimientos de medicina, se puede entender tan fácilmente su uso, que se pueden utilizar en el hogar. Pensemos un momento en lo que esto significa. Hay entre nosotros, en casi todas las ciudades o pueblos, personas que tienen en mayor o menor grado el deseo de ser capaces de ayudar en caso de enfermedad; para poder aliviar el sufrimiento y curar a los enfermos, pero por las circunstancias se les ha impedido ser médicos o enfermeros y no se han sentido capaces de realizar su deseo o misión y estas hierbas ponen en sus manos el poder de curar a sus propias familias, amigos y a todos los que les rodean. Además de su ocupación, en su tiempo libre se les permite hacer mucho bien, como muchos lo hacen hoy y hay algunos, que incluso han abandonado su trabajo para dedicar todo su tiempo a esta forma de curación. Significa para aquellos que siempre tuvieron un ideal, el sueño de aliviar el sufrimiento, que esto les ha sido posible, ya sea en su propio hogar o en una escala más amplia.

Nuevamente quiero recalcaros que no es necesario ningún conocimiento científico cuando se trata con estas hierbas: ni siquiera se requiere el nombre de la enfermedad. No es la enfermedad lo que importa: es el paciente. No es lo que tiene el paciente. No es la así llamada enfermedad, lo que realmente es importante tratar; porque la misma enfermedad puede causar resultados diferentes en diferentes personas. Si los efectos fueran siempre los mismos en todas las personas, sería fácil saber cómo se llama la enfermedad, pero no es así y esta es la razón por la que a menudo, en la ciencia médica, es tan difícil dar un nombre a la dolencia particular que sufre un paciente.

No es la enfermedad lo que importa. Es el paciente; la forma en que él o ella se ve afectado, que es nuestra verdadera guía para la curación.

En la vida cotidiana, cada uno de nosotros tiene un carácter propio. Está compuesto por nuestros gustos, nuestros disgustos, nuestras ideas, pensamientos, deseos, ambiciones, la forma en que tratamos a los demás, etc. Ahora bien, este carácter no es del cuerpo, es de la mente y la mente es la parte más delicada y sensible de nosotros mismos. Entonces, ¿podemos sorprendernos de que la mente, con sus diversos estados de ánimo, sea la primera en mostrar los síntomas de la enfermedad? Y al ser tan sensible, nos será de mucho mejor guía en la enfermedad, que depender del cuerpo.

Los cambios en nuestra mente, nos guiarán claramente hacia el remedio que necesitamos; cuando el cuerpo aún puede mostrar poca alteración. Ahora dirijamos nuestra atención a algunas de las diferentes formas en que una queja en particular puede afectar a un individuo.

Todos sabemos que la misma enfermedad puede afectarnos de manera muy diferente: si Tommy contrae sarampión, puede estar irritable; Sissy, puede estar callada y somnolienta; Johnny, quiere que le acaricien; el pequeño Peter, puede estar nervioso y temeroso; Bobbie, quiere que la dejen sola, etcétera. Ahora bien, si la enfermedad tiene efectos tan diferentes, es seguro que no sirve de nada tratarla sola; es mejor tratar a Tommy, Sissy, Johnny, Peter y a Bobbie y curarlos a todos y "adiós" al sarampión.

Lo que es importante recalcaros es que no es el sarampión lo que da la guía para la cura, sino la forma en que el pequeño se ve afectado y el estado de ánimo del pequeño es la guía más sensible para saber lo que ese paciente en particular necesita.

Y así como los estados de ánimo nos guían hacia el tratamiento de la enfermedad, también pueden advertirnos antes de que se acerque una dolencia y permitirnos detener el ataque. El pequeño Tommy llega a casa de la escuela inusualmente cansado, o somnoliento, irritable, con ganas de que le molesten o tal vez de que le dejen solo, etc. Él "no es del todo él mismo", como decimos. Unos vecinos amables entran y dicen: "Tommy está enfermo por algo, tendrás que esperar". Pero, ¿por qué esperar? Si a Tommy se le trata de acuerdo con su estado de ánimo, muy pronto puede volver a pasar de ser "no del todo él mismo" a "completamente él mismo", cuando la enfermedad que le amenazaba no se manifestará.

Y lo mismo ocurre con cualquiera de nosotros: antes de casi todas las quejas, suele haber un momento en el que no estamos del todo en forma o un poco agotados, ese es el momento de tratar nuestra condición, ponernos en forma y evitar que las cosas vayan más allá. "Más vale prevenir que curar" y estos remedios nos ayudan de manera maravillosa a recuperarnos y a protegernos del ataque de cosas desagradables.

Hasta aquí las primeras etapas de la enfermedad. Pensemos ahora en aquellos que llevan enfermos algún tiempo o incluso mucho tiempo. Nuevamente hay muchas razones para tener esperanzas de obtener beneficios, ya sea de mejora o de recuperación. Nunca dejes que nadie pierda la esperanza de mejorar: tan maravillosas mejoras y tan maravillosas recuperaciones han ocurrido con el uso de estas hierbas, incluso en aquellos en los que se consideraba imposible que se pudiera hacer algo; que desesperarse ya no es necesario. Los inválidos crónicos han recuperado una vida útil, acompañada de un retorno de mucha felicidad y una perspectiva mejor y más brillante de la vida en general.

Que nadie se asuste ante el nombre que se le dé a ninguna enfermedad; después de todo, es solo un nombre y no hay una enfermedad en sí misma que sea incurable. Esto se puede afirmar, porque quienes padecen ese tipo de dolencias, cuyos nombres son más temidos, pueden estar bien. Si algunos pacientes han hecho esto, otros también pueden hacerlo. A veces se necesita menos tiempo para curar una enfermedad llamada terrible en algunos, que una considerada menos grave en otros. Depende más del individuo que de la enfermedad. Ahora bien, el principio de tratamiento es el mismo para una enfermedad prolongada, que para una enfermedad leve y breve o apenas amenazante. Porque de una manifestación que viene apareciendo desde hace tiempo, tenemos a nuestros personajes; nuestros deseos, esperanzas, ideas, gustos, aversiones, etc.

De nuevo, todo lo que se requiere es tomar nota de cómo la enfermedad afecta al paciente; si hay depresión, desesperanza de mejorar, miedo de empeorar, irritabilidad, deseo de compañía, deseo de estar tranquilo y solo, etc.; y elegir el remedio o remedios adecuados a los diferentes estados de ánimo.

Y aquí nuevamente es maravilloso que, al igual que en la amenaza de enfermedad, si podemos hacer que un paciente vuelva a ser "no del todo él mismo", la enfermedad no ocurrirá. Así, en casos que han estado sucediendo durante mucho tiempo, a medida que los diversos estados de ánimo, depresión, miedo, etc., desaparecen, los pacientes están mejor en sí mismos, más como ellos mismos y con esto la enfermedad, sin importar lo que sea, se va también.

Hay todavía otra clase de gente, muy diferente: los que no están realmente enfermos en el sentido corriente de la palabra; sin embargo, siempre tienen algo mal; tal vez no sea grave, pero sí lo suficiente como para hacer de la vida una prueba y una carga a veces y que estarían realmente agradecidos de librarse de sus quejas. En su mayoría han intentado muchas cosas para liberarse de sus problemas, pero no han podido encontrar una cura. Entre ellos se encuentran aquellos que tienen frecuentes dolores de cabeza; otros son sujetos a resfriados severos cada año; algunos sufren de catarro, reuma, indigestión, fatiga visual, asma, leves problemas cardíacos, insomnio, etc., cualquier síntoma. Y qué alegría es poder brindar alivio a personas así, cuando muchas veces habían esperado tener que soportar su enfermedad toda su vida y especialmente a aquellos que temían que sus síntomas empeoraran con la edad. Estos casos pueden curarse y muy a menudo los beneficios comienzan poco después de iniciado el tratamiento.

Y por último, una clase más: la gente que está bastante bien, fuerte y sana y que sin embargo tiene sus dificultades. Personas que encuentran que su trabajo o su juego, se vuelve más difícil debido a cosas como el exceso de ansiedad por hacer lo correcto o porque son demasiado entusiastas y se esfuerzan y se cansan. O aquellos que temen el fracaso, imaginándose no tan inteligentes como otras personas; o aquellos que son incapaces de decidir lo que quieren; o aquellos que temen que algo les suceda a sus seres queridos, que siempre temen lo peor, incluso sin ningún motivo; o aquellos que son demasiado activos e inquietos y que nunca parecen estar en paz: o aquellos que son demasiado sensibles, tímidos y nerviosos, etc. Todas estas cosas, aunque no se las llame enfermedades, causan infelicidad y preocupación, sin embargo, todo esto puede corregirse y una alegría adicional llegar a la vida.

Así vemos lo grande que es el poder de las hierbas adecuadas para curar; no sólo para mantenernos fuertes y protegernos de la enfermedad, no sólo para detener una enfermedad cuando esté acechando, no sólo para aliviarnos y curarnos cuando estemos angustiados y enfermos, sino incluso para traernos la paz, la felicidad y la alegría a nuestra vida y nuestras mentes cuando aparentemente no ocurre nada malo con nuestra salud.

Una vez más, permítanme asegurarles que, ya sea que se esté agotado o no se sea uno mismo, si se intenta prevenir una enfermedad, si se trata de una enfermedad larga o corta, el principio es el mismo: tratad al paciente según su estado de ánimo, según su carácter, según su individualidad y no os equivocaréis.

Pensad también en la alegría que obtiene quien desea hacer algo por los enfermos, ayudarlos incluso en aquellos casos en los que la ciencia médica ya no puede hacer nada más y que les ofrece el poder sanar a sus semejantes.

Pensad en la nueva perspectiva que se alzará en vuestras vidas, por la pérdida del miedo y por el incremento de las esperanzas.

Este trabajo de curación, se realizó, publicó y entregó, de forma gratuita, para que personas como vosotros pudieran ayudarse a sí mismas, ya sea en la enfermedad o para mantenerse fuertes y en buena forma. No requiere ningún tipo de ciencia, solo un poco de conocimiento, empatía y comprensión de la naturaleza humana, lo cual es algo común a la mayoría de las personas.

Los remedios

No tenemos tiempo esta noche, para hacer un resumen de los 38 remedios. Y tampoco es del todo necesario, porque aprendiendo a usar tres o cuatro, podréis obtener un principio aplicable al resto de ellos.

Consideremos los remedios que se emplean para el Miedo.

No importa que se trate de un accidente, una enfermedad repentina, una enfermedad larga o incluso de personas que se encuentran bastante bien. Si el miedo está presente, deberá recomendarse uno de los remedios para el miedo.

Por supuesto, que puede que se necesiten otros remedios al mismo tiempo, ya que pueden existir otros estados emocionales y entonces, estos remedios se agregarán, pero eso será distinto en cada caso.

El miedo es muy común de algún modo u otro, no solo entre los enfermos, sino también entre quienes se encuentran bien de salud. Pero en cualquiera de estos casos, los remedios, nos ayudarán a liberarnos de esa gran carga a la que llamamos miedo.

Existen cinco tipos de miedo y por lo tanto hay cinco remedios, uno para cada tipo de miedo.

El primero se aplica cuando el miedo es muy grande, cuando

causa terror o pánico, ya sea en el paciente o en quienes le rodean, por ser el estado del paciente muy grave. Puede ser el caso de una enfermedad reciente o de un accidente, pero siempre que exista una emergencia o un peligro importante, debemos sugerir este remedio: ROSA DE ROCA (Rock Rose). Es hermosa y con una flor amarilla brillante. Crece en las laderas, con frecuencia en tierras rocosas. Podemos encontrar una variedad de ella, cultivada en los jardines de rocas, aunque para la curación debemos elegir una planta que crezca de forma natural.

Este remedio ha tenido resultados maravillosos y muchos casos alarmantes, han mejorado en cuestión de minutos o de horas, tras ser administrado. Las palabras claves para este remedio son: Pánico, Terror, Emergencia o Peligro de muerte.

El segundo tipo de miedo, es más frecuente y es el que se encuentra en la vida diaria. Los miedos comunes que muchos de nosotros tenemos: miedo a los accidentes, miedo a las enfermedades, miedo a que empeoren nuestros dolores, miedo a la oscuridad, miedo a estar solos, miedo a los ladrones, miedo al fuego, miedo a la pobreza, miedo a los animales o a otras personas... El miedo a cosas concretas, con independencia de que exista una razón o no, para tenerlo. El remedio para estos casos, proviene de una hermosa planta llamada MIMULUS y que es bastante parecida al Almizcle. En algunos veranos, crece en el arroyo de Ewelme,

El tercer tipo de miedo, es el miedo a cosas vagas, a cosas que no pueden explicarse. Como si algo horrible fuera a ocurrir, sin tener idea de lo que pudiera ser. Son esos temores de los que no se puede dar razón alguna, pero que sin embargo, son bien reales e inquietan al individuo. Estos miedos necesitan el remedio del ÁRBOL DE ASPEN. Y el alivio que ha dado a muchas personas, es maravilloso.

El cuarto tipo de miedo, es el miedo que se tiene a que la mente funcione demasiado y a no poder soportar la presión. Cuando tenemos el impulso de hacer cosas que normalmente no consideraríamos ni pensaríamos. El remedio para estos casos, proviene del CHERRY PLUM, que crece en los setos de este distrito. Este remedio, aleja a todas las ideas equivocadas y le otorga fuerza mental y confianza al que sufre.

Por último, el quinto tipo de miedo, es el que sufrimos por otras personas, especialmente por nuestros seres queridos. Cuando llegan tarde, pensamos que ha ocurrido un accidente o si se van de vacaciones, pensamos que les puede ocurrir algo malo. Cuando algunas enfermedades, que se acompañan de dolores fuertes, nos producen mucha ansiedad, incluso cuando la enfermedad no es grave, siempre tememos lo peor y anticipamos una desgracia. El remedio que proviene de la FLOR DEL RED CHESTNUT, del árbol tan conocido, quita estos miedos de una forma rápida y nos ayuda a pensar con normalidad.

No es fácil confundir estos tipos de miedos, puesto que son muy diferentes y aunque el miedo sea el estado de ánimo más común, a veces se necesita más de uno de estos cinco remedios, para combatirlo en todas sus formas.

Entre todos los demás remedios, encontrarán los que se aplican a todos los estados posibles. Algunos para aquellos que sufren de incertidumbre, que nunca saben lo que quieren o lo que es correcto para ellos. Otros para la soledad. Otros para las personas hipersensibles, otros para la depresión, etc. Con poco esfuerzo, resultará sencillo encontrar el remedio o los remedios que un paciente necesita para que le ayudemos. Y una vez más, lo importante es lo siguiente: "aliviad a los pacientes de sus estados de ánimo, de la manera en que se presentan en este sistema de curación y ellos se sentirán mejor".

2

Conferencia, dirigida solo a los hermanos masones del templo masónico de Wallingford.

Introducción

No voy a intentar esta tarde daros ningún detalle sobre las maravillosas hierbas que son el tema de este discurso, porque todos los podéis encontrar en mi libro[1].

Los principios fundamentales son estos:

En primer lugar, que no se requiere ningún conocimiento médico.

En segundo lugar. Que la enfermedad en sí no tiene importancia alguna.

En tercer lugar. Que la mente es la parte más sensible de nuestro cuerpo y de ahí la mejor guía para decirnos qué remedio se requiere.

En cuarto. Por lo tanto, sólo se tiene en cuenta la forma en que un paciente reacciona ante una enfermedad. No la enfermedad en sí.

En quinto lugar. Que los síntomas tales como: miedo, depresión, duda, desesperanza, irritabilidad, deseo de compañía o deseo de estar solo o indecisión; tales son las verdaderas guías de la forma en que un paciente está siendo afectado por su mal y del remedio que necesita.

No es necesario hablaros de las grandes propiedades curativas de estos remedios, solo deciros, que cientos y miles de personas, han recobrado la salud y no tenían esperanza de otra cosa que una enfermedad de por vida. Y un gran número de personas se han curado

1. Se pueden encontrar en esta obra y en el tomo anterior: "Flores de Bach", que incluye las obras: "Cúrese usted mismo", "Consideraciones básicas sobre la enfermedad y la curación" y "Los remedios y sus tipos", editorial ELA, colección bolsillo.

rápidamente de enfermedades comunes y una vez más, a un gran número de personas han prevenido la enfermedad en sus primeras etapas. Es más, la fama de estas hierbas es tal que, no sólo se están utilizando en estas Islas, sino en la mayoría de los países del mundo.

El principio completo de la curación mediante este método es tan simple, que casi todo el mundo puede entenderlo, e incluso las mismas hierbas pueden ser recolectadas y preparadas por cualquiera que se deleite en ellas.

Parte 2

Hermanos, se nos enseña que dentro de nosotros habita un Principio Vital e Inmortal. El hombre a lo largo de todos los siglos de los que tenemos historia, ha creído que había algo dentro de sí mismo, más grande y maravilloso que su cuerpo y que perduraba después de la tumba. Esta creencia ha estado en la mente del hombre desde tiempos inmemoriales.

Todos somos conscientes de que no son sólo nuestros cuerpos los que causan nuestras dificultades. No decimos "mi cuerpo está preocupado, ansioso o deprimido"; decimos: "Estoy preocupado, ansioso o deprimido". No decimos: "me duele la mano del dolor"; decimos : "me duele la mano".

Si no fuéramos más que cuerpos, nuestras vidas serían meramente de interés y ganancia personal, buscando sólo nuestras propias comodidades y aliviando nuestras propias necesidades. Pero esto no es así. Cada sonrisa bondadosa, cada pensamiento y cada acción bondadosa, cada acción realizada por amor, simpatía o compasión hacia los demás, demuestra que hay algo más grande dentro de nosotros de lo que vemos. Que llevamos una Chispa de lo Divino, que dentro de nosotros reside un principio Vital e Inmortal.

Y cuanto más brilla dentro de nosotros esa Chispa de la Divinidad, cuanto más irradian nuestras vidas Su simpatía, Su compasión y Su amor, más somos amados por nuestros semejantes y los dedos nos señalan y se dicen las palabras: "Ahí va", un hombre semejante a Dios". Además, la cantidad de paz, de felicidad, de alegría, de salud y del bienestar que llega a nuestras vidas, depende también de la cantidad de la Chispa Divina que pueda entrar e iluminar nuestra existencia.

Desde tiempos inmemoriales, el hombre ha buscado dos grandes fuentes de curación. A su Hacedor y a las Hierbas del campo, que su Hacedor ha colocado para alivio de los que sufren. Sin embargo, una Verdad ha sido mayoritariamente olvidada. Que esas Hierbas del campo colocadas para la Curación, al reconfortar, calmar y aliviar nuestras preocupaciones, nuestras ansiedades; nos acerquen a la Divinidad interior. Y es ese aumento de la Divinidad interior es lo que NOS sana.

Es un pensamiento maravilloso, pero es absolutamente cierto, que ciertas hierbas, al traernos consuelo, nos acercan a nuestra Divinidad y esto se demuestra una y otra vez cuando los enfermos, no sólo se recuperan de su enfermedad, sino que también al hacerlo, la paz, la esperanza, la alegría, la simpatía y la compasión, entran en sus vidas, o si estas cualidades habían estado allí antes, aumentan mucho.

Así podemos decir verdaderamente, que ciertas hierbas han sido colocadas para nosotros por Medios Divinos y la ayuda que nos brindan, no sólo cura nuestros cuerpos, sino que trae a nuestras vidas, a nuestro carácter, atributos de nuestra Divinidad.

Así, que al curar con estas hierbas, el cuerpo no se tiene en cuenta, cualquier cosa que pueda estar mal en él no tiene consideración. Todo lo que buscamos son esos caracteres del que sufre, en los que no está en armonía con el Pozo de Paz de su Alma. De esta manera, se ignoran los síntomas ordinarios de la carne y se piensa en cosas como la depresión, la impaciencia, la preocupación, el miedo, la indecisión, la ansiedad, la duda, la intolerancia, la condenación, etc. Todas esas cualidades que están ausentes en la quietud, la certeza y la compasión de nuestro Yo Interior. Y así como con el tratamiento con las Hierbas Divinas Curativas, estas cualidades adversas desaparecen, con su desaparición, sin importar cuál sea la enfermedad, el cuerpo se recupera.

Es como si en esta vasta civilización de hoy, una civilización de gran estrés y tensión, la agitación hubiera sido tal, que nos hubiésemos alejado demasiado de la verdadera Fuente de Curación, Nuestra Divinidad. Sin embargo, nuestro Hacedor, sabiendo estas cosas, tuvo compasión de nosotros y en Su Misericordia, nos proporcionó un medio sustituto para sanar nuestras enfermedades, hasta que el tiempo o las circunstancias, restablezcan lo genuino y directo. Y estos medios sustitutos, son maravillosos en su ayuda, porque ver la alegría, la felicidad y la ternura que vienen a la vida de las personas a medida que las hierbas las curan, prueba sin lugar a dudas, que no solo el cuerpo ha recibido la bendición. Y es seguro, que es la mayor armonía entre el Yo Superior interior y el yo exterior del cuerpo, lo que ha producido la curación.

No es necesario entrar en detalles sobre los 38 remedios, que se pueden obtener del libro. Baste decir que hay uno para cada estado de ánimo que puede oponerse a nuestro yo feliz y alegre. Y lo único que hace falta es conocer ese estado de ánimo o estados de ánimo presentes en el paciente y darle el remedio o los remedios que los eliminen. No importa si la enfermedad dura sólo unos minutos o muchos años, el principio es el mismo.

Además, consideremos lo que esto significa en la vida cotidiana. Casi todos tenemos algún rasgo que no está en armonía, como la depresión, la preocupación, el miedo, etc. Estas Hierbas los eliminan y al hacerlo, no sólo cierran la puerta a la entrada de enfermedades, sino que también hacen nuestras vidas más felices, más alegres y más útiles.

¡Y qué hay mayor entre todas las Nobles Artes que la de la Curación! ¡Y qué más propio de la Hermandad del Hombre, como algunas de las órdenes de la antigüedad, llevar alivio a los que sufren; consuelo para los angustiados y esperanza para todos los afligidos!

Estos remedios, ponen en manos de todos el poder de hacer estas cosas. No por su propio poder, sino por el Poder conferido por el Gran Creador a Sus Hierbas Curativas.

LIBÉRATE A TI MISMO

Preámbulo

Es imposible expresar la verdad con palabras.

El autor de este libro no tiene ningún deseo de predicar; de hecho, le disgusta mucho ese método de transmitir el conocimiento. Ha tratado, en las páginas siguientes, de mostrar lo más clara y simplemente posible, el propósito de nuestra vida, la utilidad de las dificultades que nos acosan y los medios por los cuales podemos recuperar nuestra salud y de hecho, cómo cada uno de nosotros puede convertirse en su propio médico.

1

Es tan simple como esto, la historia de la vida.

Una pequeña niña ha decidido pintar el cuadro de una casa, para que llegue a tiempo como regalo para el cumpleaños de su madre. En su pequeña mente, la casa ya está pintada; ella sabe cómo es, hasta el más mínimo de los detalles, sólo queda plasmarla en el papel.

Saca su caja de pinturas, el pincel y el trapo de limpiar pinturas y llena de entusiasmo y alegría, se pone a trabajar. Toda su atención e interés se centran en lo que está haciendo; nada puede distraerla del trabajo que tiene entre manos. Y el cuadro queda terminado a tiempo para el cumpleaños. Lo mejor que ha podido, ha plasmado su idea de una casa. Es una obra de arte porque es toda suya, cada pincelada era el fruto del amor que sentía hacia su madre; cada ventana, cada puerta, fue pintada con la convicción de que deberían estar allí. Aunque parezca un pajar, es la casa más perfecta que jamás se haya pintado: es un éxito porque la pequeña artista ha puesto todo su corazón y su alma, todo su ser en ello.

Esto es salud, esto es éxito, felicidad y verdadero servicio. Servir por amor, en perfecta libertad a nuestra manera. De la misma forma, bajamos a este mundo, sabiendo qué cuadro tenemos que pintar, habiendo ya trazado nuestro éxito a lo largo de la vida y todo lo que nos queda por hacer, es darle una forma material. Pasamos llenos de alegría e interés, concentrando toda nuestra atención en el perfeccionamiento de esa imagen, lo mejor que podemos, traduciendo nuestros propios pensamientos y objetivos a la vida física de cualquier entorno que hayamos elegido. Entonces, si seguimos de principio a fin nuestros propios ideales, nuestros propios deseos con todas las fuerzas que poseemos, no habrá fracaso, nuestra vida habrá sido un éxito tremendo, saludable y feliz.

La misma pequeña historia de la niña pintora, nos ilustrará cómo, si lo permitimos, las dificultades de la vida, pueden interferir con este éxito, felicidad y salud y disuadirnos de nuestro propósito.

La niña está ocupada y felizmente pintando, cuando alguien se le acerca y le dice:

- "¿Por qué no pones una ventana aquí y una puerta allí? Y, por supuesto, el sendero del jardín debería ir por aquí".

El resultado en la niña será una pérdida total de interés en el trabajo; podrá continuar, pero ahora sólo estará poniendo por escrito las ideas de otra persona: podrá enojarse, irritarse, ser infeliz, tener miedo de rechazar estas sugerencias; empezar a odiar el cuadro y tal vez romperlo; de hecho, según la edad de la niña, así será la reacción.

La imagen final puede ser una casa reconocible, pero es imperfecta y un fracaso, porque es la interpretación de los pensamientos de otra persona, no de los de la niña. No sirve de nada como regalo de cumpleaños, porque es posible que no se acabe a tiempo y que la madre tenga que esperar otro año entero para recibir su regalo.

Esto es la enfermedad, la reacción a la interferencia. Esto es el fracaso y la infelicidad temporales y ocurre cuando permitimos que otros interfieran con nuestro propósito en la vida e implantan en nuestras mentes la duda, el miedo o la indiferencia.

2

La salud depende de estar en armonía con nuestra alma

Es de primordial importancia que se comprenda claramente el verdadero significado de la salud y de la enfermedad. La salud es nuestra herencia, nuestro derecho. Es la unión completa y plena entre el alma, la mente y el cuerpo y ésto no es un ideal lejano y difícil de alcanzar, sino uno tan fácil y natural, que muchos de nosotros lo hemos pasado por alto. Todas las cosas terrenales no son más que la interpretación de las cosas espirituales. El suceso más pequeño, el más insignificante, tiene un propósito Divino detrás de él.

Cada uno de nosotros tiene una misión Divina en este mundo y nuestras almas, usan nuestra mente y nuestro cuerpo, como instrumentos para realizar este trabajo, de modo que cuando los tres trabajan al unísono, el resultado es una salud perfecta y una felicidad perfecta.

Una misión divina no significa ningún sacrificio, ningún retiro del mundo, ningún rechazo de los gozos de la belleza y de la naturaleza; al contrario, significa un disfrute más pleno y mayor de todas las cosas; significa hacer el trabajo que amamos, hacer con todo nuestro corazón y alma, ya sea cuidar la casa, cultivar la tierra, pintar, actuar o servir a nuestros semejantes en tiendas o en casas. Y este trabajo, cualquiera que sea, si lo amamos por encima de todo, es el mandato definitivo de nuestra alma, el trabajo que tenemos que hacer en este mundo y en el único en el que podemos ser nosotros mismos, interpretando de manera ordinaria, de manera materialista el mensaje de ese verdadero yo.

Podemos juzgar, por lo tanto, por nuestra salud y por nuestra felicidad, qué tan bien estamos interpretando este mensaje.

Todos los atributos espirituales están en el hombre perfecto y venimos a este mundo para manifestarlos uno de cada vez, para perfeccionarlos y fortalecerlos para que ninguna experiencia, ninguna dificultad pueda debilitarnos o desviarnos del cumplimiento de este propósito. Elegimos la ocupación terrenal y las circunstancias externas que nos darán las mejores oportunidades de ponernos a prueba al máximo; venimos con la plena realización de nuestro trabajo particular; venimos con el privilegio impensable de saber que todas nuestras batallas están ganadas antes de la lucha, la victoria es segura antes de que llegue la prueba, porque sabemos que somos hijos del Creador y como tales somos Divinos, inconquistables e invencibles.

Con este conocimiento, la vida es una alegría; las dificultades y las experiencias pueden considerarse aventuras, porque sólo tenemos que darnos cuenta de nuestro poder, para ser fieles a nuestra Divinidad, cuando éstas se disuelven, como la niebla bajo el sol. En verdad, Dios dio a sus hijos el dominio sobre todas las cosas. Nuestras almas nos guiarán, si tan solo escuchamos, en cada circunstancia, en cada dificultad y la mente y el cuerpo así dirigidos, pasarán por la vida irradiando felicidad y salud perfecta, tan libres de todo cuidado y responsabilidad, como el niño pequeño y confiado.

Nuestras almas son perfectas, siendo hijos del Creador y todo lo que nos dicen que hagamos, es para nuestro bien.

La salud es, por lo tanto, la verdadera realización de lo que somos. Somos perfectos, somos los hijos de Dios. No hay que esforzarse por conseguir lo que ya hemos conseguido. Simplemente estamos aquí para manifestar, en forma material, la perfección con la que hemos sido dotados desde el principio de todos los tiempos. La salud es escuchar únicamente los mandatos de nuestra alma; en ser confiados como niños pequeños; al rechazar el intelecto (ese árbol del conocimiento del bien y del mal) con sus razonamientos, sus 'pros' y sus 'contras', sus miedos anticipatorios, ignorando las convenciones, las ideas triviales y las órdenes de otras personas, para que podamos pasar por la vida intactos. Ilesos y libres para servir a nuestros semejantes.

Podemos juzgar nuestra salud por nuestra felicidad y por nuestra felicidad podemos saber si estamos obedeciendo los dictados de nuestra alma.

No es necesario ser monje o monja, ni escondernos del mundo, el mundo es para que lo disfrutemos y lo sirvamos y sólo sirviendo por amor y felicidad podemos ser verdaderamente útiles y hacer nuestro mejor trabajo.

Una cosa hecha por el sentido del deber con, tal vez, un sentimiento de irritación e impaciencia, no tiene ninguna importancia, es simplemente una pérdida de tiempo preciosa, cuando podría haber un hermano que realmente necesita nuestra ayuda.

La verdad no necesita ser analizada, discutida o resumida en muchas palabras. Se realiza en un instante, es parte de ti.

Sólo necesitamos convencernos de las cosas complicadas e innecesarias de la vida, que han conducido al desarrollo del intelecto. Las cosas que cuentan son simples, son las que te hacen decir: "Bueno, eso es cierto, parece que siempre lo supe" y también lo es la realización de la felicidad que nos llega cuando estamos en armonía con

acciones. Sólo nuestra propia alma es responsable de nuestro bien, nuestra reputación está bajo su custodia; podemos estar seguros de que sólo hay un pecado, el de no obedecer los dictados de nuestra propia Divinidad. Ése es el pecado contra Dios y contra el prójimo. Estos deseos e intuiciones, nunca son egoístas; nos conciernen sólo a nosotros y siempre son adecuados para nosotros y nos aportan salud para el cuerpo y la mente.

La enfermedad es el resultado en el cuerpo físico de la resistencia de la personalidad a la guía del alma. Es cuando hacemos oídos sordos a la 'pequeña y apacible voz' y olvidamos la Divinidad de dentro de nosotros; cuando intentamos imponer nuestros deseos a los demás, o permitir que sus sugerencias, pensamientos y órdenes nos influyan. Cuanto más nos liberemos de las influencias externas, de otras personalidades, más podrá nuestra alma utilizarnos para hacer Su obra.

Sólo cuando intentamos controlar y gobernar a alguien, más somos egoístas. Pero el mundo trata de decirnos que es egoísmo seguir nuestros propios deseos. Esto se debe a que el mundo desea esclavizarnos, porque verdaderamente, sólo cuando podamos realizar y liberar nuestro verdadero yo, podremos ser utilizados para el bien de la humanidad. Es la gran verdad de Shakespeare: "Sé sincero contigo mismo y como la noche es el día, no podrás ser falso con nadie".

La abeja, al elegir una determinada flor para su miel, es el medio que utiliza para aportarle el polen necesario para la vida futura de sus jóvenes plantas.

Es permitir la interferencia de otras personas, lo que impide que escuchemos los dictados de nuestra alma y eso trae discordia y enfermedad. En el momento en que el pensamiento de otra persona entra en nuestra mente, nos desvía de nuestro verdadero rumbo.

Dios nos dio a cada uno, nuestro derecho de nacimiento, una individualidad propia; nos dio a cada uno, nuestro trabajo particular que hacer, que sólo nosotros podemos hacer; nos dio a cada uno, nuestro camino particular a seguir, en el que nada debe interferir. Procuremos no sólo no permitir ninguna interferencia, sino y aún más importante, no interferir de ningún modo con ningún otro ser humano. En esto reside la verdadera salud, el verdadero servicio y el cumplimiento de nuestro propósito en la tierra.

Las interferencias ocurren en cada vida, son parte del Plan Divino; son necesarios para que podamos aprender a enfrentarnos a ellas; de hecho, podemos considerarlas como oponentes realmente útiles, que están ahí simplemente para ayudarnos a ganar fuerza y a realizar nuestra Divinidad y nuestra invencibilidad. Y también podemos saber que sólo cuando permitimos que nos afecten, ganan en importancia y tienden a frenar nuestro progreso. Depende enteramente de nosotros, la rapidez con la que progresamos; si permitimos interferencias en nuestra misión Divina, si aceptamos la manifestación de interferencia (llamada enfermedad) y dejamos que limite y dañe nuestros cuerpos, o si nosotros, como hijos de Dios, las utilizamos para establecernos más firmemente en nuestra misión. Cuantas más dificultades aparentes haya en nuestro camino, más seguros podremos estar de que nuestra misión vale la pena. Florence Nightingale, alcanzó su ideal frente a la oposición de una nación; Galileo creía que el mundo era redondo a pesar de la incredulidad del mundo entero y el patito feo, se convirtió en cisne aunque toda su familia lo despreciaba.

No tenemos ningún derecho a interferir con la vida de ninguno de los hijos de Dios. Cada uno de nosotros tiene su propio trabajo, en cuyo desempeño sólo nosotros tenemos el poder y el conocimiento para llevarlo a la perfección. Sólo cuando olvidamos este hecho y tratamos de imponer nuestro trabajo a los demás o dejamos que interfieran con el nuestro, se producen fricciones y falta de armonía en nuestro ser. Esta falta de armonía, la enfermedad, se manifiesta en el cuerpo, porque el cuerpo simplemente sirve para reflejar las obras del alma; así como el rostro refleja la felicidad con las sonrisas o el temperamento con los ceños fruncidos. Así, en cosas más grandes, el cuerpo reflejará las verdaderas causas de la enfermedad (que son el miedo, la indecisión, la duda, etc.) en el desorden de sus sistemas y tejidos.

La enfermedad, por lo tanto, es el resultado de la interferencia: interferir nosotros con alguien más o permitir nosotros mismos que nos interfieran.

6

Todo lo que tenemos que hacer, es preservar nuestra personalidad, vivir nuestra propia vida, ser capitanes de nuestro propio barco y todo irá bien.

Hay grandes cualidades en las que todos los hombres se están perfeccionando gradualmente, posiblemente concentrándose en una o dos a la vez. Son aquellas que se han manifestado en las vidas terrenales de todos los Grandes Maestros que, de vez en cuando, han venido al mundo para enseñarnos y ayudarnos a ver la manera fácil y sencilla de superar todas nuestras dificultades.

Estos son tales como:

Amor.

Compasión.

Paz.

Firmeza.

Dulzura.

Fortaleza.

Comprensión.

Tolerancia.

Sabiduría.

Perdón.

Coraje.

Alegría.

Y es, al perfeccionar estas cualidades en nosotros mismos, como cada uno de nosotros está acercando al mundo entero, un paso más hacia su meta final, impensable y gloriosa. Entonces, nos damos cuenta de que no buscamos ninguna ganancia egoísta de mérito personal, sino que cada ser humano, rico o pobre, alto o bajo, tiene la misma importancia en el Plan Divino y se le concede el mismo gran privilegio de ser un salvador del mundo, simplemente por saber que es un hijo perfecto del Creador.

Así como existen estas cualidades, estos pasos hacia la perfección, también hay obstáculos o interferencias que sirven para fortalecernos en nuestra determinación de mantenernos firmes.

Estas son las verdaderas causas de las enfermedades y son tales como:

Restricción.

Miedo.

Inquietud.

Indecisión.

Indiferencia.

Debilidad.

Duda.

Exceso de entusiasmo.

Ignorancia.

Impaciencia.

Terror.

Dolor.

Éstas, si se lo permitimos, se reflejarán en el cuerpo, provocando lo que llamamos enfermedad. Al no comprender las causas reales, hemos atribuido la desarmonía a influencias externas, a los gérmenes, al frío, al calor y hemos dado nombres a los resultados: artritis, cáncer, asma, etc.; pensando que la enfermedad comienza en el cuerpo físico.

Así, hay grupos definidos de humanidad y cada grupo desempeña su propia función, es decir, manifiesta en el mundo material, la lección particular que ha aprendido. Cada individuo en estos grupos, tiene una personalidad propia definida, un trabajo definido que hacer y una manera individual definida de realizar ese trabajo. También hay causas de falta de armonía que, a menos que nos aferremos a nuestra personalidad definida y a nuestro trabajo, pueden reaccionar sobre el cuerpo en forma de enfermedad.

La verdadera salud es la felicidad y una felicidad que es muy fácil de alcanzar, porque es la felicidad en las cosas pequeñas; hacer las cosas que realmente amamos hacer, estar con las personas que realmente nos agradan. No hay tensión, ni esfuerzo, ni lucha por lo inalcanzable; la salud está ahí para que la aceptemos cuando queramos. Es descubrir y hacer el trabajo para el que realmente somos aptos. Muchos suprimen sus deseos reales y se convierten en clavijas cuadradas, en agujeros redondos; por los deseos de un padre, un hijo puede convertirse en abogado, soldado u hombre de negocios, cuando su verdadero deseo, es convertirse en carpintero o por las ambiciones de una madre que ve a su hija bien casada, el mundo puede perder otra Florence Nightingale. Este sentido del deber, es entonces, un falso sentido del deber y un perjuicio al mundo; resulta en infelicidad y probablemente, en la pérdida de la mayor parte de una vida, antes de que el error pueda rectificarse.

Hubo una vez un Maestro que dijo: "¿No sabéis que en los negocios de mi Padre me es necesario estar?", lo que significa que debe obedecer a Su Divinidad y no a Sus padres terrenales.

Busquemos la cosa en la vida que más nos atraiga y hagámosla. Dejemos que esa cosa sea tan parte de nosotros que sea tan natural como respirar; tan natural como lo es para la abeja recolectar miel y para el árbol arrojar sus hojas viejas en otoño y producir otras nuevas en primavera. Si estudiamos la naturaleza, encontramos que cada criatura, cada pájaro, cada árbol y cada flor, tienen su papel definido que desempeñar, su propio trabajo definido y peculiar, a través del cual ayudan y enriquecen al Universo entero. El mismo gusano, realizando su trabajo diario, ayuda a drenar y a purificar la tierra; la tierra proporciona el alimento a todas las cosas verdes y a su vez, la vegetación sustenta a la humanidad y a todos los seres vivos, regresando a su debido tiempo para enriquecer el suelo. Su vida es de belleza y utilidad, su trabajo, les es tan natural como su vida.

Y nuestro propio trabajo, cuando lo encontramos, nos pertenece y nos conviene y no requiere esfuerzo, es fácil, es una alegría; nunca nos cansamos de él, es nuestro hobby. Hace surgir en nosotros nuestra verdadera personalidad, todos los talentos y capacidades que esperan dentro de cada uno de nosotros ser manifestados; en él somos felices y estamos en casa y sólo cuando somos felices (que es obedecer los mandatos de nuestra alma) podemos hacer nuestro mejor trabajo.

Puede que ya hayamos encontrado nuestro trabajo adecuado, entonces ¡qué divertida es la vida! Algunos desde la niñez tienen el conocimiento de lo que están destinados a hacer y lo mantienen durante toda su vida y algunos lo saben en la niñez, pero se dejan disuadir por las contrasugerencias y las circunstancias y por el desánimo de los demás. Sin embargo, todos podemos volver a nuestros ideales y aunque no podamos realizarlos inmediatamente, podemos seguir buscando hacerlo; entonces la búsqueda misma, nos traerá consuelo, porque nuestras almas son muy pacientes con nosotros. El deseo correcto, el motivo correcto, sin importar cuál sea el resultado, es lo que cuenta, es el verdadero éxito.

Entonces, si prefieres ser agricultor en lugar de abogado; si prefieres ser barbero en lugar de conductor de autobús, o cocinero en lugar de verdulero, cambia de profesión, sé lo que quieres ser y entonces serás feliz y estarás bien, entonces trabajarás con entusiasmo y luego harás un mejor trabajo como agricultor, barbero o cocinero, del que jamás podrías realizar en la ocupación que nunca te perteneció.

Y entonces estarás obedeciendo los dictados de tu Yo Espiritual.

7

Una vez que nos damos cuenta de nuestra propia Divinidad, el resto es fácil.

Al principio, Dios le dio al hombre el dominio sobre todas las cosas. El hombre, hijo del Creador, tiene una razón más profunda para su falta de armonía que la corriente de aire de una ventana abierta. Nuestra 'culpa no está en nuestras estrellas, sino en nosotros mismos', ¡y cuán llenos de gratitud y esperanza podemos estar cuando nos damos cuenta de que la cura también está dentro de nosotros mismos!

Elimina la falta de armonía, el miedo, el terror o la indecisión y recuperarás la armonía entre el alma y la mente y el cuerpo volverá a ser perfecto en todas sus partes.

Cualquiera que sea la enfermedad, el resultado de esta falta de armonía, podemos estar bastante seguros de que la cura está dentro de nuestras posibilidades de realización, porque nuestras almas nunca nos piden más de lo que podemos hacer fácilmente.

Cada uno de nosotros es un sanador, porque cada uno de nosotros en el fondo ama algo, a nuestros semejantes, a los animales, a la naturaleza, a la belleza en alguna forma y cada uno de nosotros desea protegerlo y ayudar a que aumente. Todos nosotros también sentimos simpatía por aquellos que están en apuros y es natural que así sea, porque todos hemos estado en apuros en algún momento de nuestras vidas. De modo que no sólo podemos curarnos a nosotros mismos, sino que tenemos el gran privilegio de poder ayudar a otros a curarse a sí mismos y las únicas calificaciones necesarias son el amor y la simpatía.

Nosotros, como hijos del Creador, tenemos dentro de nosotros toda la perfección y venimos a este mundo simplemente para que podamos realizar nuestra Divinidad; para que todas las pruebas y todas las experiencias nos dejen intactos, porque a través de ese Poder Divino todo nos es posible.

8

Las hierbas curativas son aquellas a las que se les ha dado el poder de ayudarnos a preservar nuestra personalidad.

Así como Dios en Su misericordia, nos ha dado alimento para comer, así también ha colocado entre las hierbas de los campos, unas hermosas plantas para sanarnos cuando estamos enfermos. Éstas, están ahí para extender una mano amiga al hombre, en esas horas oscuras de olvido, cuando pierde de vista su Divinidad y permite que la nube de miedo o dolor, oscurezca su visión.

Esas hierbas son:

1	Achicoria (Cichorium intybus)
2	Mimulus (Mimulus luteus)
3	Agrimonia (Agrimonia Eupatoria)
4	Esclerante (Scleranthus Annuus)
5	Clemátide (Clematis Vitalba)
6	Centauro (Erythraea Centaurium)
7	Genciana (Gentiana Amarella)
8	Verbena (Verbena Officinalis)
9	Cerato (Ceratostigma Willmottiana)
10	Impatiens (Impatiens Royalei)
11	Rosa de roca (Helianthemum Vulgare)
12	Violeta de agua (Hottonia Palustris)

Cada hierba corresponde a una de las cualidades y su propósito es fortalecer esa cualidad para que la personalidad pueda superar la falta que constituye el obstáculo en particular.

La siguiente tabla indicará la cualidad, la falta y el remedio que ayuda a la personalidad a disipar esa falta.

	DEFECTO	HIERBA	VIRTUD
1	Restricción	Achicoria	Amar
2	Miedo	Mímulo	Compasión
3	Inquietud	Agrimonia	Paz
4	Indecisión	Esclerante	Firmeza
5	Indiferencia	Clemátide	Dulzura
6	Debilidad	Centaura	Fortaleza
7	Duda	Genciana	Comprensión
8	Exceso de entusiasmo	Verbena	Tolerancia
9	Ignorancia	Cerato	Sabiduría
10	Impaciencia	Impatiens	Perdón
11	Terror	Rosa de roca	Coraje
12	Dolor	Violeta de agua	Alegría

Los remedios están dotados de un poder curativo definido, muy aparte de la fe y su acción tampoco depende de quien los administra, así como un sedante hace dormir al paciente, ya sea que se lo dé la enfermera o el médico.

9

La verdadera naturaleza de la enfermedad.

En la verdadera curación de la naturaleza, el nombre de la enfermedad física, no tiene ninguna consecuencia. La enfermedad del cuerpo en sí, no es más que el resultado de la falta de armonía entre el alma y la mente. Es sólo el síntoma de una causa y como la misma causa se manifestará de manera diferente en casi cada individuo, tratad de eliminar esta causa y los resultados posteriores, cualesquiera que sean, desaparecerán automáticamente.

Podemos entender esto más claramente tomando como ejemplo el suicidio. No todos los suicidas se ahogan. Algunos se arrojan desde lo alto, otros toman veneno, pero detrás de todo está la desesperación: ayúdalos a superar su desesperación y a encontrar algo o alguien por quien vivir y se curarán permanentemente, porque simplemente quitarles el veneno de su alcance, sólo los salvará durante un rato, ya que es posible que más adelante hagan otro intento.

El miedo también reacciona sobre las personas de maneras muy diferentes: algunos palidecen, otros se sonrojan, algunos se vuelven histéricos y otros se quedan sin habla. Explícales el miedo, muéstrales que son lo suficientemente grandes como para superar y afrontar cualquier cosa y así nada podrá volver a asustarlos. Al niño no le importarán las sombras en la pared si le dan una luz y le enseñan cómo hacerlas bailar arriba y abajo.

Durante mucho tiempo hemos culpado al germen, al clima y a los alimentos que comemos, como las causas de las enfermedades; pero muchos de nosotros somos inmunes a una epidemia de gripe; a muchos les encanta la euforia del viento frío y muchos pueden comer queso y beber café negro a altas horas de la noche sin efectos nocivos. Nada en la naturaleza puede hacernos daño cuando estamos felices y en armonía, al contrario toda la naturaleza está ahí para nuestro uso y disfrute. Sólo cuando permitimos que nos invadan la duda y la depresión, la indecisión o el miedo, somos sensibles a las influencias externas.

Es, por lo tanto, la causa real detrás de la enfermedad, lo que es de suma importancia; el estado mental del propio paciente, no la condición de su cuerpo.

Cualquier enfermedad, por grave o duradera que sea, se curará devolviendo al paciente la felicidad y el deseo de continuar con su trabajo en la vida. Muy a menudo es sólo una ligera alteración en su modo de vida, alguna pequeña idea fija que lo vuelve intolerante hacia los demás, algún sentido equivocado de la responsabilidad, que lo mantiene en esclavitud, cuando podría estar haciendo un trabajo tan bueno.

Hay siete hermosas etapas en la curación de una enfermedad, estas son:

1	Paz
2	Esperanza
3	Alegría
4	Fe
5	Certeza
6	Sabiduría
7	Amor

10

Para ganar libertad, da libertad.

La meta última de toda la humanidad es la perfección y para alcanzar este estado el hombre debe aprender a atravesar todas las experiencias sin verse afectado; debe afrontar todas las interferencias y tentaciones, sin desviarse de su rumbo; entonces estará libre de todas las dificultades, penurias y sufrimientos de la vida; habrá almacenado en su alma el amor, la sabiduría, el coraje, la tolerancia y la comprensión perfectos, que son el resultado de saberlo y verlo todo, porque el maestro perfecto es aquel que ha pasado por cada rama de su oficio.

Podemos hacer de este viaje, una breve y alegre aventura, si nos damos cuenta de que la libertad de la esclavitud sólo se obtiene dando libertad; somos libres si liberamos a los demás, porque sólo con el ejemplo podemos enseñar.

Cuando le hemos dado libertad a todo ser humano con quien estamos en contacto; cuando hayamos dado libertad a cada criatura, a todo lo que nos rodea, entonces seremos libres nosotros mismos. Cuando veamos que no intentamos, ni siquiera en el más mínimo detalle, dominar, controlar o influir en la vida de otro, descubriremos que las interferencias desaparecieron de nuestras propias vidas, porque son aquellos a quienes atamos quienes nos atan. Había cierto joven que estaba tan atado a sus posesiones que no podía aceptar un regalo Divino.

Y podemos liberarnos de la dominación de los demás muy fácilmente, en primer lugar dándoles libertad absoluta y en segundo lugar, negándonos con mucha suavidad y amor a ser dominados por ellos. Lord Nelson fue muy sabio al hacer la vista gorda ante el telescopio en una ocasión. No es necesaria ninguna fuerza, ningún resentimiento, ningún odio ni ninguna crueldad. Nuestros oponentes son nuestros amigos, hacen que el juego valga la pena y todos nos daremos la mano al final del partido.

No debemos esperar que los demás hagan lo que queremos,

sus ideas son las correctas para ellos y aunque su camino puede llevarlos en una dirección diferente a la nuestra, el objetivo al final del viaje es el mismo para todos nosotros. Descubrimos que cuando queremos que los demás 'se adhieran a nuestros deseos', es cuando nos peleamos con ellos.

Somos como buques de carga, que se dirigen a los diferentes países del mundo, algunos a África, otros a Canadá, otros a Australia y luego regresan al mismo puerto de origen. ¿Por qué seguir otro barco hasta Canadá cuando nuestro destino es Australia? Significaría un retraso.

Una vez más, tal vez no nos demos cuenta de las pequeñas cosas que pueden atarnos; las mismas cosas que deseamos retener son las que nos retienen. Puede ser una casa, un jardín, un mueble; incluso ellas tienen su derecho a la libertad. Las posesiones mundanas, después de todo, son transitorias, dan lugar a la ansiedad y la preocupación, porque interiormente sabemos de su pérdida inevitable y definitiva. Están ahí para ser disfrutadas, admiradas y utilizadas en toda su capacidad, pero no para ganar tanta importancia como para convertirse en cadenas que nos aten.

Si dejamos en libertad a todos y a todo lo que nos rodea, descubriremos que a cambio somos más ricos en amor y posesiones que nunca antes, porque el amor que da la libertad es el gran amor que une a los más cercanos.

11

Sanando

Desde tiempos inmemoriales la humanidad ha reconocido que nuestro Creador, en Su amor por nosotros, ha puesto sus hierbas en los campos para nuestra curación, así como ha provisto el maíz y los frutos para nuestro sustento.

Los astrólogos, que han estudiado las estrellas y los herboristas, que han estudiado las plantas, siempre han estado buscando remedios que nos ayuden a mantener nuestra salud y alegría.

Para encontrar la hierba que nos ayudará, debemos encontrar el objeto de nuestra vida, lo que nos esforzamos por hacer y también comprender las dificultades en nuestro camino. A las dificultades las llamamos faltas o fracasos, pero no nos importarán, porque son la prueba misma de que estamos logrando cosas más grandes: nuestras faltas deben ser nuestro estímulo, porque significan que apuntamos alto. Busquemos por nosotros mismos, cuál de las batallas estamos librando particularmente, qué adversario estamos especialmente tratando de vencer y luego tomemos con gratitud y agradecimiento esa planta que ha sido enviada para ayudarnos a la victoria. Deberíamos aceptar estas hermosas hierbas de los campos como un sacramento, como un regalo Divino de nuestro Creador para ayudarnos en nuestros problemas.

En la verdadera curación, no se piensa en absoluto en la enfermedad: lo que debe considerarse es el estado mental, sólo la dificultad mental. Lo que importa es dónde nos estamos equivocando en el Plan Divino.

Esta falta de armonía con nuestro Ser Espiritual, puede producir cientos de fallas diferentes en nuestros cuerpos (pues, después de todo, nuestros cuerpos simplemente reproducen la condición de nuestras mentes), pero ¿qué importa eso? Si rectificamos nuestra mente, el cuerpo pronto sanará. Es como Cristo nos dijo: "¿Es más fácil decir: Tus pecados te son perdonados o toma tu camilla y anda?".

Así que nuevamente comprendamos claramente que nuestra

enfermedad física no tiene importancia alguna: es el estado de nuestra mente y eso y sólo eso, es lo que es importante. Por lo tanto, ignorando por completo la enfermedad que padecemos, debemos considerar únicamente a cuál de los siguientes tipos pertenecemos.

Si encuentras alguna dificultad a la hora de seleccionar tu propio remedio, será útil preguntarte cuál de las virtudes admiras más en otras personas; o cuál de los defectos es en otros, tu aversión favorita, por algún defecto del que todavía hayamos dejado rastro y que estamos especialmente intentando erradicar, ese es el que más odiamos ver en otras personas. Es la forma en que se nos anima a eliminarlo de nosotros mismos.

Todos somos sanadores y con amor y simpatía en nuestra naturaleza, también podemos ayudar a cualquiera que realmente desee salud. Busca el conflicto mental pendiente en el paciente, dale el remedio que le ayudará a superar esa falla en particular y todo el aliento y la esperanza que puedas, entonces la virtud curativa dentro de él, hará por sí misma todo el resto.

Los remedios.

ACHICORIA

Restricción. Amor.

¿Eres tú uno de aquellos que anhelan servir al mundo, que anhelan abrir ambos brazos y bendecir a todos los que les rodean, que desean ayudar, consolar y simpatizar y sin embargo, por alguna razón, las circunstancias o las personas se lo impiden?

¿Encuentras que en lugar de servir a muchos, estás en manos de unos pocos, de modo que tu oportunidad de dar todo lo que deseas es limitada?

¿Estás llegando a esa etapa en la que deseas realizar esto, cuando todos los hombres cuentan contigo, pero ninguno demasiado?

Entonces esa hermosa achicoria azul de los maizales, te ayudará a alcanzar tu libertad, la libertad que todos necesitamos antes de poder servir al mundo.

MÍMULO

Miedo. Compasión.

¿Eres de los que tienen miedo?

¿Miedo a las personas o a las circunstancias?

¿Que avanzan con valentía y sin embargo, el miedo les roba la alegría en la vida?

¿Miedo a aquellas cosas que nunca suceden?

¿Miedo a las personas que realmente no tienen poder sobre ti?

¿Miedo al mañana y a lo que pueda traer?

¿Miedo a enfermarse o perder amigos?

¿Miedo a las convenciones?

¿Miedo a cien cosas?

¿Quieres defender tu libertad y sin embargo, no tienes el valor de romper tus ataduras?

Si es así, el Mímulo, que se encuentra creciendo a las orillas de las corrientes cristalinas de los ríos, te hará libre para amar tu vida y te enseñará a tener la más tierna simpatía por los demás.

AGRIMONIA

Inquietud. Paz.

¿Eres de los que sufren tormentos?

¿Tu alma está inquieta y no puedes encontrar la paz y sin embargo, afrontas con valentía el mundo y ocultas tu tortura a sus semejantes?

¿Ríes, sonríes y bromeas y ayudas a quienes te rodean a mantener un corazón alegre mientras tú están sufriendo?

¿Buscas aliviar tus penas tomando vino y drogas que te ayuden a afrontar tus pruebas?

¿Sientes que necesitas algún estimulante en la vida que te ayude a seguir adelante?

Si es así, esa hermosa planta: Agrimonia, que crece a lo largo de nuestros caminos y en nuestros prados, con su capitel parecido a una iglesia y sus semillas como campanas, te traerá paz, la paz que "supera el entendimiento".

La lección de esta planta es permitirte mantener la paz en presencia de todas las pruebas y dificultades hasta que nadie tenga el poder de causarte irritación.

ESCLERANTE

Indecisión. Firmeza.

¿Eres de los que les cuesta tomar decisiones para formar opiniones?

¿Cuándo los pensamientos contradictorios entran en tu mente, te es difícil decidir el camino correcto y la indecisión persigue tu camino y retrasa tu progreso?

¿Primero te parece bien una cosa y luego otra?

Si es así, estás aprendiendo a actuar con prontitud en circunstancias difíciles; formar opiniones correctas y ser firme en seguirlas y los pequeños Scleranthus verdes de los maizales te ayudarán a ello.

CLEMÁTIDE

Indiferencia. Dulzura.

¿Eres de los que descubren que la vida no tiene mucho interés, que se despiertan casi deseando no tener otro día más que afrontar?

¿Para los que la vida es tan difícil, tan dura y tiene tan poco diversión, que nada parece realmente valer la pena?

¿Piensas lo bueno que sería simplemente irse a dormir y que apenas vale la pena intentar curarse?

¿Tienes en tus ojos esa mirada lejana, como si vivieras en sueños y encuentras los sueños mucho más bellos que la vida misma o tus pensamientos, están más a menudo con alguien que ha fallecido en esta vida?

Si te sientes así, estás aprendiendo a aguantar, cuando no hay nada en ti excepto la voluntad que te dice: ¡aguanta! Y es una gran victoria lograrlo.

Esa hermosa planta que adorna nuestros setos donde hay tiza, la Clemátide, más conocida como la Alegría del Viajero y cuyas semillas plumosas siempre anhelan ser arrastradas por el viento y empezar de nuevo, te ayudará mucho a volver a afrontar la vida y a encontrar tu trabajo y a traerte alegría.

CENTAURO

Debilidad. Fortaleza.

¿Eres una de esas personas a las que todo el mundo utiliza, porque en la bondad de tu corazón no te gusta negarles nada?

¿Te rindes por el bien de la paz, en lugar de hacer lo que sabes que es correcto, porque no deseas luchar?

¿Tu motivo es bueno, pero estás siendo utilizado pasivamente en lugar de elegir activamente tu propio trabajo?

¿Eres de aquellos que son como felpudos que han recorrido un largo camino para prestar un gran servicio y que se dan cuenta de que deben ser un poco más positivos en su vida?

El Centauro, que crece en nuestros pastos, te ayudará a encontrar tu verdadero yo, para que puedas convertirte en un trabajador activo y positivo en lugar de un agente pasivo.

GENCIANA

No dudes. Comprensión.

¿Eres de los que tienen altos ideales, con esperanzas de hacer el bien?

¿De los que se desanima cuando sus ambiciones no se realizan rápidamente?

Cuando el éxito se cruza en tu camino, ¿te sientes eufórico, pero cuando surgen dificultades, te deprimes fácilmente?

Si es así, la pequeña genciana, de nuestros pastos montañosos, te ayudará a mantener tu firmeza de propósito y una perspectiva más feliz y esperanzadora, incluso cuando el cielo esté nublado. Te traerá ánimo en todo momento y la comprensión de que no hay fracaso, cuando haces todo lo posible, sea cual sea el resultado aparente.

VERBENA

Exceso de entusiasmo. Tolerancia.

¿Eres uno de esos que arden de entusiasmo: anhelan hacer grandes cosas y desean que todo se haga en un momento?

¿Te resulta difícil elaborar con paciencia tu plan, porque deseas obtener el resultado tan pronto como empiezas?

¿Consideras que tu entusiasmo te vuelve un poco estricto con los demás, deseando que vean las cosas como tú las ves, tratando de obligarles a tener tus propias opiniones y siendo impaciente cuando no las siguen?

Si es así, tienes dentro de ti el poder de ser un líder y un maestro de hombres.

La verbena, la pequeña flor malva de los setos, te ayudará a adquirir las cualidades que necesitas, la amabilidad hacia tus hermanos y la tolerancia hacia las opiniones de los demás. Te ayudará a darte cuenta de que las grandes cosas de la vida, se hacen con delicadeza y tranquilamente, sin tensión ni estrés.

CERATO

Ignorancia. Sabiduría.

¿Eres de los que siente que tiene sabiduría?

¿Qué podrías ser un filósofo y un guía para tus semejantes?

¿Sientes el poder dentro de ti para aconsejarlos en sus dificultades, para calmar sus penas y serles en todo momento una ayuda en sus nubes y sin embargo, por falta de confianza en ti mismo, no puedes lograr esto, posiblemente porque estás escuchando demasiado a la voz de los demás y prestando demasiada atención a los convencionalismos del mundo?

¿Te das cuenta de que es sólo esta falta de confianza en ti mismo, esta ignorancia de tu propia sabiduría y conocimiento, es la que te tienta a escuchar con demasiada atención los consejos de los demás?

Entonces, el Cerato te ayudará a encontrar tu individualidad, tu personalidad y libre de influencias externas, te permitirá utilizar el gran don de la sabiduría que posees para el bien de la humanidad.

IMPATIENS

Impaciencia. Perdón.

¿Eres de los que saben que en el fondo de tu naturaleza aún hay un rastro de crueldad?

Cuando te golpean y te acosan, ¿te resulta difícil no tener un poco de malicia?

¿Ha quedado todavía dentro de ti, el deseo de utilizar la fuerza para atraer a otro a tu modo de pensar?

¿Eres impaciente y esa impaciencia a veces te vuelve cruel?

¿Has dejado en tu naturaleza alguna huella del inquisidor?

Si es así, estás luchando por lograr una dulzura y un perdón exquisitos y esa hermosa flor malva, Impaticns, que crece a lo largo de las orillas de algunos de los arroyos de Gales, te ayudará, con su bendición, en el camino.

ROSA DE ROCA

Terror. Coraje.

¿Eres uno de los que viven en absoluta desesperación, aterrorizados?

¿Sientes que no puedes soportar nada más?

¿Estás aterrorizado por lo que te sucederá: la muerte,. el suicidio, la locura o alguna terrible enfermedad?

¿Temeroso de afrontar o con desesperanza, las circunstancias materiales?

Si es así, estás aprendiendo a ser valiente contra grandes dificultades y a luchar por tu libertad y la hermosa y pequeña rosa de roca amarilla, que crece tan abundantemente en nuestros pastos montañosos, te dará el coraje para salir adelante.

VIOLETA DE AGUA

Dolor. Alegría.

¿Eres una de esas grandes almas que con valentía y sin quejas, esforzándote por servir a sus hermanos, soportas el sufrimiento con calma y resignación, sin permitir que tu dolor interfiera con tu trabajo diario?

¿Has tenido pérdidas reales, momentos tristes y sin embargo, sigues adelante en silencio?

Si es así, la hermosa Violeta de Agua, que flota tan libremente en la superficie de nuestros arroyos más claros, te ayudará a comprender que estás siendo purificado a través de tu dolor, elevado a un gran ideal, para que puedas aprender a servir a tus semejantes, incluso en la hora de tu aflicción, que estás aprendiendo a estar absolutamente solo en el mundo, adquiriendo la intensa alegría de la completa libertad y por lo tanto, del perfecto servicio a la humanidad.

Y cuando esto se comprende, ya no es un sacrificio, sino la

exquisita alegría de ayudar en todas las condiciones. Además, esa pequeña planta te ayudará a comprender que todo lo que consideras cruel y triste en la vida, es realmente por el bien de aquellos de quienes te compadeces.

Todos podemos tener valor y mantener un corazón firme, porque Aquél que nos puso en este mundo, lo hizo con un gran propósito. Él quiere que sepamos que somos sus hijos, que conozcamos nuestra propia Divinidad; para ser perfectos, tener salud y tener felicidad. Él quiere que sepamos, que a través de Su Amor, podemos lograr todas las cosas, recordando que sólo cuando lo olvidamos, nos convertimos en infelices. Él quiere que la vida de cada uno de nosotros, sea una vida de gozo, salud y servicio amoroso, porque como nos dijo Cristo: "Mi yugo es fácil, mi carga es ligera".

Se pueden obtener existencias de estos remedios, de los principales químicos homeopáticos de Londres, aunque cualquiera que quiera fabricarlos por su cuenta, puede prepararlos de la siguiente manera:

Toma un recipiente de vidrio delgado, llénalo con agua clara de un arroyo o manantial, preferiblemente y deja flotar suficientes flores de la planta para cubrir la superficie.

Déjalo reposar a la luz del sol hasta que las flores comiencen a marchitarse. Retira con mucho cuidado las flores, vierte el agua en una botella y añade la misma cantidad de brandy como conservante.

Una sola gota de esto, será suficiente para hacer potente una botella de 225 centilitros de agua, de la cual se pueden tomar dosis en cucharadas, según sea necesario.

Se debe tomar 1 dosis, cuando el paciente lo considere necesario.

Una dosis cada hora, en casos agudos y tres o cuatro veces al día, en los casos crónicos; hasta que se produzca el alivio y se pueda prescindir de ellos.

Y que siempre demos gracias a Dios, Quien, en Su Amor por nosotros, colocó las hierbas en los campos para nuestra curación.

LOS DOCE CURADORES[1] Y OTROS REMEDIOS

Introducción

Este sistema de tratamiento, es el más perfecto que se le ha dado a la humanidad, porque tiene el poder de curar las enfermedades y por su sencillez, puede ser utilizado en todos los hogares. Sus efectos curativos y su sencillez, hacen de éste un método maravilloso, porque ninguna ciencia, ningún conocimiento es necesario, excepto los sencillos métodos aquí descritos para aplicarlo. Y quienes lo mantengan puro como está, libre de ciencias y libre de teorías, serán quienes obtengan el mayor beneficio de este regalo enviado por Dios, porque todo en la naturaleza es sencillo.

Este sistema de sanación, que nos ha revelado Dios, demuestra que son nuestros miedos, preocupaciones, angustias y demás estados, los que abren el camino a la invasión de la enfermedad. Por eso, mediante el tratamiento de nuestros miedos, preocupaciones, angustias y demás estados, no solo nos liberamos de nuestra enfermedad, sino que estas hierbas, dadas por el Creador, eliminarán nuestros temores y preocupaciones y nos harán más felices y que nos sintamos mejor con nosotros mismos.

Las hierbas curan nuestros temores, nuestras ansiedades, nuestras preocupaciones, nuestros defectos y nuestros errores y son estos lo que debemos buscar, porque una vez encontrados y que actúen las hierbas, la enfermedad, no importa como se llame, nos dejará.

1. En español, se conocen por curadores, debido a las primeras traducciones del término inglés, pero en realidad deberían mejor llamarse sanadores, porque sanan a la persona y por su finalidad no van dirigidos a curar la enfermedad, sino que reestablecen la salud, es decir sanan. No importa de la enfermedad que se trate, lo que importa es la persona, su reacción y síntomas, que es lo que se trata y lo que se sana, reestableciendo el equilibrio.

Poco más tengo que decir para explicarlo, ya que el propio entendimiento (sabiduría interna o intuición) conoce todo esto. Solo espero que haya suficientes personas que puedan entender este método y que usen los dones de Dios para el alivio y la bendición de todos los que les rodeen.

Porque detrás de todas las enfermedades, están nuestros miedos, nuestras angustias, nuestra codicia y nuestros gustos y disgustos, debemos buscarlos y sanarlos y de esta forma desaparecerá la enfermedad que padecemos.

Desde la antigüedad sabemos que la Divina Providencia ha dado a la Naturaleza, la posibilidad de prevención y cura de las enfermedades, a través de las hierbas, las plantas y los árboles, divinamente ricos. Los remedios de esta naturaleza, dados en este libro, han demostrado que están bendecidos por encima de otros, en su obra de misericordia y que tienen el poder de curar todo tipo de enfermedades y de sufrimiento.

Para el tratamiento con estos remedios, no se tiene en cuenta la naturaleza de la enfermedad. Se trata al individuo de acuerdo a este método y cuando éste se repone, la enfermedad desaparece, por el aumento de la salud. Porque todos sabemos, que la misma enfermedad puede tener distintos efectos sobre las diferentes personas, debemos atender a estos efectos y tratarlos, porque nos guiarán a la verdadera causa de la enfermedad.

La mente (y las emociones), al ser la parte más delicada y sensible del cuerpo, indica el inicio y el curso de la enfermedad, antes y de forma más contundente que el cuerpo, por este motivo, elegimos la perspectiva mental (y emocional) como guía para elegir el remedio o los remedios necesarios para cada caso[1]. Durante la enfermedad, se produce un cambio en el estado de ánimo, que difiere del normal y cotidiano de la persona y quienes son observadores, pueden notar este cambio, a menudo antes y a veces mucho antes, de que aparezca la enfermedad, por lo que con el tratamiento adecuado, se puede prevenir que surja la enfermedad. Y si la enfermedad ya ha estado presente durante algún tiempo, será también el estado de ánimo quien

1. Bach, era conocedor de los distintos cuerpos del hombre: cuerpo físico, el cuerpo astral y el cuerpo mental, que manejan la materia, las emociones y los pensamientos. Para más datos consultar las obras de Arthur Powell: "El doble etérico"; "El cuerpo astral y otros fenómenos astrales"; "El cuerpo mental y el plano mental" y "El cuerpo causal y el ego", publicados en editorial ELA.

nos guíe hacia el remedio correcto. Por lo que no importa cual sea la enfermedad, solo debemos pensar en la perspectiva de vida de la persona angustiada.

A continuación se describen, con sencillez, 38 estados diferentes y nadie debería encontrar ninguna dificultad para identificar este estado o mezcla de estados, en sí mismo o en otras persona y poder encontrar los remedios necesarios para lograr la cura.

El título: "Los 12 curadores", se ha mantenido para este libro, porque este concepto resulta ya familiar para muchos lectores y el alivio del sufrimiento con estos 12 remedios ya había sido demostrado, pero se han añadido otros 26 remedios para completar la serie. Para distinguir los 12 originales de los siguientes, los originales se indicarán acompañados de un asterisco (*)[1].

Los remedios y las razones dadas para cada uno[2]

Los 38 remedios ordenados en 7 epígrafes

1. Para el miedo.
2. Para la incertidumbre.
3. Para la falta de interés.
4. Para la soledad.
5. Para los hipersensibles a influencias e ideas.
6. Para el desaliento o la desesperación.
7. Para la preocupación excesiva por el bienestar de otros.

---

1. El Dr, Bach, primero descubrió 5 remedios básicos, basados en 3 plantas: Impatiens, Mimulus y Clematis. Luego los completó, hasta llegar a los 12 remedios básicos. Más adelante, siguió investigando y añadió 4 remedios más a los 12 primeros, que pronto serían 7 más, hasta llegar al número de 19 remedios. Con los años de práctica siguió investigando y descubrió 19 remedios más, hasta llegar a número actual de remedios: 38. Sobre el método homeopático de preparación de los medicamentos, el Dr. Bach, prefirió la forma de preparación a través del sol. Y en un principio distinguió entre los 12 remedios curadores o sanadores y sus ayudantes y finalmente atribuyó el mismo valor, por igual, a todos los remedios. Lo que importaba era el caso concreto donde aplicarse.
2. Este título se mantuvo y se fue repitiendo en varios de los panfletos editados por el Dr. Bach.

1 Para los que tienen miedo

* ROCK ROSE

Un remedio de rescate. El remedio de emergencia para los casos en los que no parece haber esperanza alguna. En un accidente, en una enfermedad repentina, cuando el paciente se encuentra muy asustado o aterrorizado, o los que le rodean están sometidos a un gran temor por una situación grave. Si el paciente no está consciente, se le pueden humedecer los labios con este remedio. Aunque pueden ser necesario adicionar otros remedios, como por ejemplo: Clematis, si el paciente está en un estado de sueño profundo o Agrimony, si está siendo torturado por la enfermedad.

* MIMULUS

El miedo a lo mundano: la enfermedad, el dolor, los accidentes, la pobreza, la oscuridad, a estar solo, a la desgracia; los temores de la vida cotidiana. Para las personas que llevan en secreto su temor y no hablan sobre ello.

CHERRY PLUM

Miedo a que la mente se esfuerce demasiado, miedo a peder la razón, miedo a hacer cosas temibles y terribles a sabiendas de que son malas, que no son deseadas, pero a pesar de ello, surge su pensamiento y el impulso para hacerlas.

ASPEN

Para temores vagos y desconocidos, que no tienen razón, ni explicación. Y a pesar de ello, el paciente está aterrorizado pensando que algo terrible le va a ocurrir, sin saber de que se trata.

Estos miedos vagos, pueden acechar de noche o de día y quienes los padecen, a menudo, tienen miedo de contárselos a los demás.

RED CHESNUT

Para aquellos a quienes les resulta muy difícil no estar ansiosos por lo que le ocurra a otras personas. A menudo, ya no se preocupan por sí mismos, pero pueden llegar a sufrir mucho por las personas cercanas a ellos, muchas veces anticipando que algo malo les podrá suceder.

2 Para aquellos que sufren incertidumbre

* CERATO

Para quienes no tienen suficiente confianza en sí mismos, como para tomar sus propias decisiones y que constantemente buscan el consejo de otros, aunque a menudo resultan mal aconsejados.

* SCLERANTHUS

Para quienes sufren mucho al no poder decidir entre dos cosas que son correctas, dudando entre una y otra.

Por lo general se trata de personas no habladoras, que llevan su dificultad a solas y no la comparten con los demás.

* GENTIAN

Para quienes se desaniman fácilmente y aunque estén progresando en la vida o triunfando sobre una enfermedad, cualquier pequeño obstáculo o retraso en el progreso, les plantea dudas y desaliento.

GORSE

Para quienes tienen una desesperanza muy grande y que han renunciado a creer que se puede hacer algo por ellos.

Han probado distintos tratamientos para complacer a otros o por persuasión, pero al mismo tiempo aseguran a quienes les rodean, que tienen poca esperanza de alivio.

HORNBEAM

Para quienes sienten que no tienen la fuerza suficiente, física o mental, para llevar la carga que la vida les ha impuesto y sus asuntos cotidianos les parecen demasiados, como para llevarlos a cabo; aunque por lo general cumplen sus tareas con éxito. Para quienes consideran que deben reforzar alguna parte de su cuerpo o de su mente, antes de cumplir con su tarea.

WILD OAT

Para quienes tienen la ambición de hacer algo prominente en su vida, que deseen tener muchas experiencias y disfrutar al máximo de su vida y de todo lo que les sea posible.

Su dificultad es determinar que ocupación encontrar, ya que sus ambiciones son fuertes y no tienen una vocación que les atraiga por encima de otras, lo cual les puede ocasionar un retraso y una insatisfacción.

3. *Para la falta de interés en las circunstancias actuales*

* CLEMATIS

Para quienes son soñadores, somnolientos, que no están totalmente despiertos o que no muestran un gran interés por la vida. Gente que es tranquila, pero que no está muy feliz con sus circunstancias del presente y que vive más pensando en el futuro, con la esperanza de tiempos mejores, cuando sus ideales se hagan realidad. Cuando están enfermos, hacen poco o ningún esfuerzo por mejorar y en algunos casos, incluso pueden esperar la muerte con la esperanza de tiempos mejores o incluso para volver a reunirse con un ser querido que han perdido.

HONEYSUCKLE

Para quienes viven mucho en el pasado, en un momento de gran felicidad o con los recuerdos de un amigo perdido, o tienen ambiciones que no se han hecho realidad. Que ya no esperan una felicidad igual a la que han tenido.

WILD ROSE

Para aquellos que, sin razón aparente suficiente, se resignan a todo lo que les sucede en la vida y viven sin ningún empeño por mejorar las cosas y sin encontrar ni un poco de alegría. Es decir, no luchan por la vida pero no se quejan.

OLIVE

Para quienes han sufrido física o mentalmente y están tan cansados o agotados, que sienten que no les queda fuerzas para hacer ningún esfuerzo. La vida cotidiana, es para ellos, un trabajo duro el la que no encuentran ningún placer.

WHITE CHESNUT

Para quienes no pueden evitar que entren en sus mentes pensamientos, ideas o argumentos que no desean y por lo general, su interés por el momento presente, no es lo suficiente como para mantener la mente ocupada.

Los pensamientos no deseados y las preocupaciones no se van de su cabeza y si lo hacen durante un momento, vuelven. Les rondan, una y otra vez, como si se tratase de una tortura mental.

Tales pensamientos desagradables, les hacen no vivir en paz y no les deja centrarse en su trabajo o en su placer diarios.

MUSTARD

Para quienes son propensos a la melancolía o incluso llegan a la desesperación, que parece que una nube oscura y fría, les ensombrece y oculta su alegría de vivir y parece no haber una razón o motivo para tales situaciones. En estas condiciones, no pueden mostrarse felices o alegres.

CHESTNUT BUD

Para quienes no obtienen el máximo provecho de la observación y de la experiencia y que necesitan más tiempo que otros para aprender estas lecciones de la vida. Mientras que para algunas, una experiencia sería suficiente para aprender una lección, este tipo de personas, necesitan repetir varias veces la experiencia para aprender la lección. Por lo que tienden a repetir el mismo error durante su vida, mientras que otro tipo de personas con una vez les sirve de aprendizaje.

4. Para la soledad

*WATER VIOLET

Para quienes les gusta estar solos en la salud o en la enfermedad. Son personas muy tranquilas, que se mueven si hacer ruido, que hablan poco y con suavidad. Son muy independientes, capaces y autosuficientes. Están casi libres de las opiniones de los demás.

Se mantienen distantes y dejan a las personas seguir su camino. A menudo son inteligentes y con talento. Su paz y su tranquilidad, son una bendición para quienes les rodean.

* IMPATIENS

Para quienes son rápidos de pensamiento y acción y que desean que todo se haga sin vacilación y sin demora y cuando enfermen, están ansiosos por recuperarse rápidamente.

Les resulta muy difícil, tener paciencia con las personas lentas, a las que consideran que están equivocadas y que pierden su tiempo, tratando de que este tipo de personas sean más rápidos.

A menudo, prefieren trabajar y estar solos, para hacerlo a su propio ritmo.

HEATHER

Para quienes están siempre buscando la compañía de los demás, ya que les resulta necesario hablar de sus asuntos con los demás, sin importar de quienes se trate. Son infelices, si tienen que estar solos mucho tiempo.

5. Para los hipersensibles a influencias e ideas

*AGRIMONY

Para las personas joviales, alegres y divertidas, que aman la paz y se angustian con las discusiones y peleas y que para evitarlas, son capaces de renunciar a muchas cosas.

Cuando tienen problemas que les atormentan, inquietan o preocupan, los ocultan detrás de su humor y de sus bromas y se les considera por los demás como buenos amigos para conocer.

A menudo toman alcohol o drogas para estimularse y ayudarse a sí mismos a soportar con alegría estas situaciones.

*CENTAURY

Para personas amables, tranquilas y apacibles, que están excesivamente ansiosas de servir a los demás y se exceden en su empeño y con su fuerza.

El deseo de servir a los demás, crece tanto en ellos, que se convierten en sirvientes, más que en ayudantes dispuestos. Su buena naturaleza, les acarrea más trabajo del que les correspondería y al hacerlo, pueden llegar a descuidar su propia "misión en la vida".

WALNUT

Para quienes tienen bien definidos sus ideales y sus ambiciones y los están cumpliendo, pero que en algunas ocasiones se ven tentados a desviarse de su camino, ideas y objetivo, por las opiniones , el entusiasmo o las convicciones de los demás. Este remedio, les aporta constancia y la protección de las influencias externas.

HOLLY

Para quienes a veces se ven asaltados por pensamientos de celos, envidia, venganza y sospecha.

Para las diferentes formas de vejación.

Estas personas sufren mucho, cuando en realidad no hay una causa real para la infelicidad.

6. *Para el desaliento o la desesperación*

LARCH

Para quienes no se consideran a sí mismos tan buenos o capaces como quienes les rodean. Para quienes esperan el fracaso en lugar del éxito, por lo que no se atreven a hacer algo o no se esfuerzan lo suficiente en ello, como para tener éxito.

PINE

Para quienes se culpan a sí mismos y que incluso, cuando tienen éxito, piensan que podrían haberlo hecho mejor. Que nunca se contentan con sus esfuerzos y resultados. Son muy trabajadores y a menudo se atribuyen la culpa de todo a sí mismos. A veces, incluso se atribuyen el error de los demás.

ELM

Para quienes están haciendo una buena labor o un buen trabajo, siguiendo su vocación en la vida y esperan hacer algo importante para el beneficio de la humanidad.

Pueden tener momentos de depresión, cuando sienten que la tarea que han emprendido es demasiado difícil y no está al alcance de ningún ser humano.

SWEET CHESTNUT

Para momentos cuando la angustia es tan grande que parece insoportable. Cuando la mente o el cuerpo parecen haber llegado al final de su capacidad de resistencia y que van a tener que ceder. Cuando parece que no hay a la vista nada más que destrucción y aniquilación.

STAR OF BETHELEHEM

Para quienes sufren una gran angustia, por haber estado

durante un tiempo bajo condiciones que generan una gran infelicidad. Ante la conmoción de noticias graves, la pérdida de algún ser querido, el susto tras sufrir un accidente y cosas semejantes.

Para quienes se niegan a ser consolados durante algún tiempo. Este remedio les trae consuelo.

WILLOW

Para quienes han sufrido una adversidad o desgracia y la encuentran difícil de aceptar sin quejas o resentimiento, ya que solo juzgan la vida por el éxito obtenido y sienten que no merecen tanta adversidad, por lo que se amargan. Y a menudo demuestran menos interés y menor actividad en las cosas con las que antes gozaban.

OAK

Para quienes se esfuerzan y luchan de forma intensa para curarse o en los asuntos de su vida cotidiana y siguen usando una u otra cosa para curarse o luchando, aunque parezca que no hay esperanzas de curación o de éxito.

Siguen luchando, pero están descontentos consigo mismos. Son valientes que luchan contra grandes dificultades, sin perder la esperanza y sin dejar de esforzarse.

CRAB APPLE

Este es el remedio de la limpieza.

Para quienes sienten que hay algo en ellos que no está lo bastante limpio. En algunos puede ser algo sin importancia aparente, en otros puede ser una enfermedad más grave que desatienden, ya que se concentran en otra cosa.

En ambos casos, están ansiosos por liberarse de algo que hay en sus mentes y que les parece que debe de ser curado. Se desalientan si fracasa el tratamiento.

Al ser un limpiador, este remedio, purifica las heridas producidas por algo que ha entrado en el paciente y que considera que debe salir de él.

7. *Para la preocupación excesiva por el bienestar de otros.*

*CHICORY

Para quienes son muy conscientes de las necesidades de los demás, que tienden a cuidar excesivamente a los niños, parientes y amigos, encontrando siempre algo que debe corregirse.

Continuamente corrigen lo que consideran incorrecto y disfrutan haciéndolo.

Desean siempre tener cerca de aquellos de quienes se preocupan.

*VERVAIN

Aquellos con ideas y principios fijos, que consideran correctas y que rara vez cambian.

Tienen un gran deseo de convertir a todos a su alrededor a sus puntos de vista.

Tienen mucha fuerza de voluntad y mucho valor si están convencidos de los que quieren enseñar.

En la enfermedad continúan cumpliendo con sus deberes, cuando la mayoría ya habría renunciado a hacerlo.

VINE

Para las personas que son muy capaces y están muy seguras de tener éxito, que piensan que los demás deberían hacer las cosas como ellos las hacen o de la forma en que ellos creen que deberían hacerse. Incluso cuando están enfermos, dirigen a sus semejantes y pueden ser de gran valor en caso de emergencia.

BEECH

Para quienes sienten la necesidad de ver más bondad y belleza en todo los que les rodea. Para que aunque las cosas están mal, tener la capacidad de ver la parte buena de las cosas. Para poder ser más tolerantes, indulgentes y comprensivos con las personas y tomar consciencia de que todos estamos trabajando hacia nuestra perfección final.

ROCK WATER

Para quienes son muy estrictos en su forma de vida, que se niegan las alegrías y los placeres de la vida, porque consideran que pueden interferir con su trabajo.

Son maestros duros consigo mismo, que desean estar sanos y fuertes y harán cualquier cosa para conseguirlo.

Tienen la esperanza de ser ejemplos para que otras personas puedan seguir sus ideas y ser mejores.

INSTRUCCIONES

Quienes no puedan tratarse a sí mismos o preparar sus remedios, pueden obtener sus tratamientos o remedios con el equipo del Dr. Bach, en Wellsprings, Mount Vernon, Sotwell, Wallingford y Berks.

Los remedios pueden obtenerse en los farmacéuticos Messrs Keene & Ashwell de Londres.[1]

MÉTODOS DE DOSIFICACIÓN

Puesto que estos remedios son puros e inofensivos, no hay problemas en darlos demasiadas veces o de una forma demasiado frecuente, aunque las cantidades más pequeñas bastan para actuar como una dosis. Tampoco los remedios que han sido recetados por error, producen ningún daño.

Para preparar las dosis, introduzca unas 2 gotas del remedio en un pequeño frasco, casi lleno de agua y si fuese necesario mantener este frasco durante algún tiempo, se puede añadir un poco de Brandy como conservante. Este frasco se utilizará para administrar

1. Actualmente, hay centros oficiales y no oficiales del Dr. Bach en todos los países del mundo y sus remedios florales se pueden encontrar a la venta en casi todos los lugares, siendo realizados por varios laboratorios.

los remedios y se tomará solo unas gotas del mismo, con un poco de agua, leche o se podrán tomar de cualquier otra forma.

En los casos urgentes, las dosis se podrán administrar cada pocos minutos, hasta notar una mejoría. En los casos graves, cada media hora. En los casos de larga duración, cada 2 o 3 horas, según el paciente siente su necesidad.

Para las personas que estén inconscientes, basta con humedecerles los labios con frecuencia.

Cuando haya dolor, rigidez, inflamación o algún problema local, se debe aplicar una loción. Para ello, ponga unas gotas del preparado en un recipiente con agua y empape un paño en este líquido, que cubrirá la parte afectada. Esta operación se repetirá cuantas veces sea necesaria.

A veces, el uso de una esponja o el baño de inmersión en un agua a la que se le han añadido unas gotas de los remedios, pueden también resultar útiles.

MÉTODO DE PREPARACIÓN

Se utilizan dos métodos de preparación:

1. El método del sol

Se toma un cuenco de vidrio delgado y se llena con el agua más pura que se pueda obtener, si es posible de un manantial cercano.

Se recogen las flores de las plantas y de inmediato se dejan flotar sobre la superficie del agua hasta cubrirla. Luego se dejan a la luz del sol durante 3 ó 4 horas o menos tiempo si las flores empiezan a marchitarse.

A continuación, se retiran las flores con cuidado y ese agua se vierte en varias botellas que se llenan hasta la mitad. Luego se terminan de llenar con Brandy para conservar el remedio. A estas botellas se las llama "de serie" y no se utilizan para la elaboración de la dosis diaria del remedio.[1]

1. Las botellas de serie, son las tinturas madre, de las que se elabora el remedio, añadiendo 2 gotas por cada 30 centilitros de Brandy. Y de este remedio, se elaboran las dosis diluyéndolo en agua, para su toma por el paciente, que a su vez se pueden diluir en liquido o ser tomadas directamente de la dosis.

Se ponen unas cuantas gotas de este preparado en otra botella o recipiente, a partir del cual se trata al paciente, por lo que estas preparaciones "de serie", constituyen en sí mismas una gran provisión.

Los farmacéuticos, deben de proceder de la misma manera.

Los siguientes remedios se preparan de la forma arriba indicada:

Agrimony
Centaury
Cerato
Chicory
Clematis
Gentian
Gorse
Heather
Impatiens
Mimulus
Oak
Olive
Rock Rose
Rock Water
Scleranthus
Wild Oat
Vervain
Vine
Water Violet
White Chestnut flower.

Rock Water

Se sabe, desde hace algún tiempo, que algunos pozos y manantiales han tenido el poder de curar a lagunas personas y estos pozos y manantiales, se han hecho famosos por este motivo. Cualquier pozo o manantial, que se sepa que contiene este poder de curación o que se ha mantenido libre, en su estado natural, sin ser alterado por el ser humano, puede ser así utilizado.

2. *El método de ebullición*

El resto de los remedios, se preparan por ebullición, de la siguiente manera:

Las muestras, se hierven durante media hora en agua limpia y pura. El líquido resultante, se vierte en botellas hasta llenarlas hasta su mitad y cuando se enfríe, se añade Brandy, como en la preparación con el método del sol, para terminar de llenar las botellas y conservarlas.

En los remedios, se emplea la flor junto a pequeñas partes del tallo o tronco y si las hubiere, se emplean también las hojas verdes y frescas. Pero en la elaboración del Chestnut Bud, se obtienen los brotes del árbol White Chestnut, antes de que salgan las hojas.

Todos estos remedios, se pueden encontrar creciendo de forma natural en las Islas Británicas, con excepción de Vine y Olive. El Cerato, aunque nativo de otros lugares, se puede encontrar en la Europa central y del sur y al norte de la India y del Tíbet.

Y que siempre sintamos alegría y gratitud en nuestros corazones, ya que el Gran Creador, en su amor por todos nosotros, ha puesto las hierbas en los campos para nuestra curación.

Anexo

Los nombres ingleses, españoles y botánicos de cada remedio son:

1 AGRIMONY Agrimonia eupatoria	Agrimonia
2 ASPEN Populus tremula	Álamo Temblón
3 BEECH Fagus sylvatica	Haya
4 CENTAURY Centaurium umbellatum	Centáurea
5 CERATO Ceratostigma willmottiana	Ceratostigma
6 CHERRY PLUM Prunus cerasifera	Ceratostigma o Ciruelo
7 CHESTNUT BUD Aesculus hippocastanum	Brote de castaño
8 CHICORY Cichorium intybus	Achicoria
9 CLEMATIS Clematis vitalba	Clemátide
10 CRAB APPLE Malus pumila	Manzano Silvestre
11 ELM Ulmus procera	Olmo
12 GENTIAN Gentiana amarella	Genciana
13 GORSE Ulex europaeus	Aulaga
14 HEATHER Calluna vulgaris	Brezo
15 HOLLY Ilex aquifolium	Acebo
16 HONEYSUCKLE Lonicera caprifolium	Madreselva
17 HORNBEAM Carpinus betulus	Hojarazo
18 IMPATIENS Impatiens glandulifera	Impaciencia
19 LARCH Larix decidua	Alerce

20 MIMULUS Mimulus guttatus	Mímulo
21 MUSTARD Sinapis arvensis	Mostaza
22 OAK Quercus robur	Roble
23 OLIVE Olea europaea	Olivo
24 PINE Pinus sylvestris	Pino silvestre
25 RED CHESTNUT Aesculus carnea	Castaño rojo
26 ROCK ROSE Helianthemum nummularium	Heliantemo
27 ROCK WATER Aqua petra	Agua de Roca
28 SCLERANTHUS Scleranthus annuus	Escleranto
29 STAR OF BETLEHEM Ornithogalum umbellatum	Estrella de Belén
30 SWEET CHESTNUT Castanea sativa	Castaño dulce
31 VERVAIN Verbena officinalis	Verbena
32 VINE Vitis vinifera	Vid

Esta obra se complementa y tiene su continuación en la obra del Dr. Bach: "Flores de Bach" (editorial ELA), que incluye sus obras: Cúrese usted mismo, Consideraciones básicas sobre la enfermedad y la curación y Los remedios y sus tipos).

Este es un libro de *Editorial ELA*

 Editorial Ela

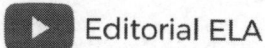 Editorial ELA

@ela.editorial

@ela.editorial

www.libreriaargentina.com

La Librería Argentina se funda en Madrid en el año 1964, siendo la primera librería especializada en libros para el bienestar y el crecimiento personal que surge en España. Debe su nombre a que en aquellos tiempos la mayor parte de los libros de estos temas, son editados en Argentina y de allí se importaban.

Años después se crea el sello E.L.A. para seguir poniendo a disposición del público las últimas tendencias y no olvidarse de los más clásicos y tradicionales libros.

REALIZADO E IMPRESO EN ESPAÑA

PRODUCIDO CON PAPEL DE LA C. E.

El papel utilizado para la impresión de nuestros libros, ha sido fabricado a partir de madera procedente de bosques y plantaciones gestionadas con los más altos estándares ambientales, garantizando la explotación sostenible de los recursos y la armonía con el medio ambiente, siendo esta gestión beneficiosa para el planeta y para los seres humanos y contribuyendo al cuidado de los bosques y a la reforestación mundial. Por cada árbol cortado para hacer papel, se han plantado cuatro árboles.

Para ampliar sobre el tema puede consultar en esta editorial:

Dr Edward Bach. Las flores de Bach.
James Allen. "Como un hombre piensa, así es su vida" (colección bolsillo)
James Allen. "Paseando por encima del huracán de la vida".
James Allen. "Camino a la felicidad".
William W. Atkinson. "Conócete"
William W. Atkinson. "Sugestión y autosugestión"
William W. Atkinson. "¿Pueden bailar las manzanas? Querer es poder"
William W. Atkinson. "La psicología del éxito"
William W. Atkinson. "El poder de la palabra"
William W. Atkinson. "La clave de los negocios"
William W. Atkinson. "Aproveche la capacidad de su mente"
William W. Atkinson. "Frenología y fisionomía"
William W. Atkinson. "La ley de la atracción"
William W. Atkinson. "El poder de la energía sexual"
William W. Atkinson. "El Kybalion"
William W. Atkinson. "Metafísica de la ley de la atracción"
Thomas Troward. "La ciencia mental"
Prentice Mulford. "Mindfulness, el poder de olvidar y dormir"
Prentice Mulford. "Haga realidad sus sueños"
Prentice Mulford. "El poder de vivir el presente"
Wallace D. Wattles. "La ciencia de hacerse rico"
Wallace D. Wattles. "La ciencia de estar bien"
Wallace D. Wattles. "Como ser un genio"
Wallace D. Wattles. "Salud con el nuevo pensamiento y el ayuno"
Ralph Waldo Emerson. "Autoconfianza, la pieza clave"
Swami Sivananda. "El pensamiento y su poder"
Lao Tse. "Tao te king"
Florence Scovel. "El juego de la vida y como jugarlo"
Norberto Tucci. "Wu Wei. El arte del No hacer y Fluir"
Norberto Tucci. "El Efecto del Optimismo. Ten pensamientos positivos es la mejor medicina".

Otras obras sobre salud natural publicadas en esta editorial:

Dr. W. H. Bates. "Visión perfecta sin gafas"
Arnold Ehret. "Ayuno racional"
Arnold Ehret. "Ayuno inteligente"

Arnold Ehret. "El estómago habla"
Arnold Ehret. "Sistema curativo por la dieta amucosa"
Arnold Ehret. "La curación definitiva del estreñimiento crónico"
Dr. Eduardo Alfonso. "Nutrición humana y cocina vegetariana"
Dr. Eduardo Alfonso. "Curso de medicina natural en 40 lecciones"
Dr. Eduardo Alfonso. "Manual de curación naturista"
Dr. Eduardo Alfonso. "Recetas sabrosas de cocina vegetariana"
M. Gandhi. "Las claves de la salud"
Sebastin Kneipp. "Método de hidroterapia"
Sebastin Kneipp. "Botiquín de farmacopea casera"
Sebastin Kneipp. "La curación de las enfermedades por baños de agua y plantas medicinales"
Louis Khune. "La nueva ciencia de curar"
Louis Khune. "Diagnóstico por la ciencia de la expresión del rostro"
Joman Romero. "Conocernos. Qué nos quiere decir el cuerpo con los síntomas"
Ramacharaka. "Aprender a respirar"
Ramacharaka. "Hidroterapia yogui"
Swami Sivananda. "La ciencia del Pranayama"